Sylvia Stier

Unser Weg. Das Buch

SYLVIA STIER

UNSER WEG. DAS BUCH
VON LÜDENSCHEID ANS ENDE DER WELT

Anmerkung des Verlags:
Wenn nicht anders vermerkt, stammen die Zitate aus dem Rundbrief „Unser Weg"
von Walter Heidenreich.
Aus Gründen des Persönlichkeitsschutzes wurden die meisten Namen geändert,
abgekürzt oder weggelassen.

Copyright © 2006 by Asaph Verlag, D-Lüdenscheid

1. Auflage 2006

Umschlaggestaltung: Jens Wirth/Detlev Simon/ASAPH, D-Lüdenscheid
Satz/DTP: Jens Wirth/ASAPH, D-Lüdenscheid
Druck: Schönbach-Druck, D-Erzhausen

Printed in the EU

ISBN 3-935703-74-0
Bestellnummer 147374

Für kostenlose Informationen über unser umfangreiches Lieferprogramm an
christlicher Literatur, Musik und vielem mehr wenden Sie sich bitte an:

ASAPH – D-58478 Lüdenscheid
E-Mail: asaph@asaph.net – www.asaph.net

INHALT

Vorwort: Gott ist immer treu	7
Revolutionäre der Liebe Gottes	9
Verschlungene Wege	17
Schritt für Schritt	27
Hallo Stadt, da sind wir!	35
Vorwärts und immer weiter	47
Heiße Tage	55
Von wegen vergeben?	67
Es prickelt	71
Chill-Out	79
Ans Ende der Welt	87
Zerbrochene Träume	97
Nicht Kopf, sondern Herz	105
Die Struktur der FCJG im Überblick	116

Vorwort
Gott ist immer treu!

Gerade halten Sie den gelungenen Versuch in den Händen, die 30-jährige Geschichte der FCJG zu dokumentieren. Es handelt sich dabei um eine abenteuerliche Zeit- und auch Glaubensreise, die uns über Höhen und durch Tiefen geführt hat. Das Buch lässt Sie am normalen wie auch am oft außergewöhnlichen Leben unserer Gemeinschaft teilhaben.

Die folgenden Seiten sind gespickt mit Erfahrungen und Erlebnissen von Menschen – Menschen, die ein Stück des Wegs mit uns gegangen oder die dauerhaft in unserer Gemeinschaft geblieben sind. Jeder Einzelne ist eine wunderbare Idee Gottes, wertvoll und reich an Gaben und Begabungen, und wir hatten in den vergangenen 30 Jahren das Vorrecht, mit diesen Menschen zusammen zu leben und durften vielen von ihnen helfen, ihren Weg mit Gott zu machen und sich in ihrer Berufung zu entfalten. (Dabei konnten wir, schon um den Umfang des Buchs nicht zu sprengen, nicht jede vielleicht bemerkenswerte Begegnung und Begebenheit erwähnen, mancher Name blieb ungenannt.)

Die FCJG wurde 1976 im und aus Glauben gegründet und ist bis heute ein Beweis, dass Glauben nicht zuschanden macht, sondern dass der Gott der Bibel wirklich lebt und heute noch erfahrbar ist. Dieses Buch dokumentiert seine Treue gegenüber denen, die ihn kennen, ihn lieben und ihm vertrauen. Von Anfang an – bis heute

– streben wir von Herzen einem Ziel entgegen: diesen guten Gott der Liebe und Barmherzigkeit in Wort und Tat bekannt zu machen.

Und so lade ich Sie ganz herzlich ein, beim Lesen Ihr Herz für diesen wunderbaren Schöpfer allen Lebens zu öffnen und sich von seinem guten Heiligen Geist inspirieren zu lassen. Mich persönlich haben diese Berichte nachhaltig sehr ermutigt und es ist mein Gebet, dass dieses Buch auch Sie, liebe Leser, mit neuer Zuversicht, neuem Glauben und mit neuer Vision für Ihr Leben berührt. Ganz herzlich lade ich Sie ein, uns in Lüdenscheid zu besuchen, um unsere Gemeinschaft kennen zu lernen oder Veranstaltungen der FCJG zu besuchen.

Ich möchte es an dieser Stelle nicht versäumen, allen sehr herzlich zu danken, die dieses Glaubenswerk in irgendeiner Form unterstützen. Ohne diese Hilfe von außen wäre all das, wovon Sie hier lesen, nicht möglich.

Auch wenn wir in diesem Buch zurückblicken, schauen wir dennoch gespannt und voller Erwartung nach vorne und beten, dass Gott seine Pläne und Absichten mit uns verwirklichen kann, um diese Welt besser zu machen – denn Gott ist alles möglich und er ist immer treu:

Gott kann unendlich viel mehr an uns tun, als wir jemals von ihm erbitten oder uns ausdenken können. So mächtig ist die Kraft, mit der er in uns wirkt. Ihm gehört die Ehre in der Gemeinde und durch Jesus Christus in allen Generationen für Zeit und Ewigkeit.

(Epheser 3,20-21, Gute Nachricht)

Gott segne Sie!

Walter Heidenreich

REVOLUTIONÄRE
DER LIEBE GOTTES

Die Sechziger – Synonym für Aufbegehren, Protest, *Sex 'n' Drugs 'n' Rock 'n' Roll*. In dieser Zeit bahnte sich auch eine Revolution ganz anderer Art an, als nämlich das nach Deutschland herüberschwappte, was als die *Jesus People*-Bewegung in die Geschichte eingehen sollte, eine weltweite Bewegung des Heiligen Geistes. Junge Menschen, äußerlich meist eindeutig den „Hippies" zuzuordnen, entdeckten die Liebe Gottes, die sie auf entsprechend unkonventionelle Weise auslebten und weitergaben. In dieser Bewegung wurzelt auch das, was heute als FCJG, als „Freie Christliche Jugendgemeinschaft" in Deutschland und darüber hinaus bekannt ist. Den Joint in der einen, die Bibel in der anderen Hand – dass es das nicht sein konnte, wurde den Jungbekehrten schnell klar. Die Radikalität des früheren Lebens sollte auch bei den neuen Christen ihre Fortsetzung finden. Folge war ein evangelistischer Lebensstil und tätige Nächstenliebe.

> 1974: Ungewöhnliches ereignet sich in der Stadt. An die Drogenszene haben wir uns wohl oder übel gewöhnt, sie gehört zu unserem Stadtbild. Aber dass Hippies bibelschwingend, laut singend und predigend auf der Haupteinkaufsstraße dreist behaupten, dass ein vor fast 2000 Jahren gestorbener Wanderprediger mit Namen Jesus nach seiner historisch bewiesenen Hinrichtung am Kreuz von den Toten auferstanden sein soll und heute noch lebt, schlägt dem Fass den Boden aus.

Wir besuchten diese Jesus-Freaks in ihrer Kommune und wurden von ihrem Zusammenleben völlig überrascht. Nicht nur, dass sie im Vertrauen auf Gottes Versorgung alles miteinander teilen, passieren hier auch offensichtlich Zeichen und Wunder. Hoffnungslos Drogenabhängige werden durch Gebet in einem Augenblick frei, Kranke physisch und psychisch geheilt und dämonisch Belastete freigesetzt. Die Betroffenen berichten von der Vergebung ihrer Schuld und ihrer Wiedergeburt durch den Heiligen Geist. Dass hier etwas anders ist, kann man förmlich spüren. Die einstigen Rebellen wurden verwandelt in Revolutionäre der Liebe Gottes durch diesen Mann Jesus. Wir sollten ihn und die Jesus-Bewegung im Auge behalten.

I.H. Unser Weg 1991

Einige der so beschriebenen Jesus-Revolutionäre kamen nach Lüdenscheid, um hier Fuß zu fassen. Michael Claren und seine Frau Jolie fanden ein Häuschen in Lüdenscheid, wo sie mit ihren drei Kindern wohnten und auch einen kleinen christlichen Buchladen anfingen. Sie starteten einen Gebetskreis, der schnell wuchs, sodass er bald aus ihrem Privathaus in Gemeinderäumlichkeiten übersiedelte. Hier kamen viele, hauptsächlich junge Leute aus den unterschiedlichen Lüdenscheider Gemeinden zusammen. Eigentlich aber wollten Michael und Jolie für die kaputten Freaks da sein. In dem Gebetstreffen, das sich mittlerweile zu einem überkonfessionellen Jugendgottesdienst entwickelt hatte, der „Jugendstunde", sprachen sie über ihren Wunsch.

Kurze Zeit später: Mitten in der Nacht klingelte es bei Clarens. Vor der Tür standen zwei ziemlich abgerissene Typen: „Hey, können wir bei euch pennen? Wir haben gehört, dass das geht." Michael war übermüdet und sauer und machte seinem Unmut Luft: „Ach, woanders könnt ihr wohl nicht unterkommen, da müssen wir Christen wieder herhalten, oder wie? Das geht nicht. Wir haben keinen Platz." Er hatte die Typen schon fast abgewimmelt, da hörte er ganz deutlich Jesu Stimme: „Hattest du nicht für solche Leute gebetet?" Ganz schnell bat Michael die beiden daraufhin herein und entschuldigte sich bei ihnen für seine ärgerliche Reaktion. Endlich wieder im Bett, wurde es ihm und seiner Frau plötzlich klar, dass Gott ihre Gebete erhört hatte. Wie oft hatten sie schon dafür gebetet, das weitergeben zu können, was sie am eigenen Leib erlebt hatten: eine großartige Befreiung von der Macht der Drogen und Gebundenheiten!

Etwa einen Monat später, im Oktober 1975, stand einer der beiden wieder vor der Tür. Mittlerweile total abgewrackt und förmlich von Drogen zerfressen, suchte er Hilfe. Es wurde für ihn gebetet und er erlebte augenblicklich Befreiung von seiner Drogensucht. Während der kommenden Wochen kamen weitere Abhängige dazu und Michael und Jolie nahmen sie alle in ihre Familie auf. Das war für sie und ihre drei kleinen Kinder eine harte Belastungsprobe und brachte sie manches Mal an die Grenzen ihrer Tragfähigkeit. Doch das Wissen, dass Gott ihre Gebete beantwortet hatte, und ihr Glaube ließen sie weitermachen.

Dann kam der Anruf, der die erhoffte Wende einläutete ...

Einer der drei Pfarrer der evangelischen Lüdenscheider Kreuzkirche, Ingfried Woyke, bot ihnen das „Hotel Wiedenhof" an. Die Pfarrer und Presbyter waren übereingekommen, es den „Jesus People" mietfrei zur Verfügung zu stellen. Klar herrschte anfänglich eine gewisse Skepsis gegenüber der Gruppe, schon allein aufgrund des exotischen Äußeren und ihrer unkonventionellen Art. Doch man war sehr froh darüber, dass diese jungen Leute bereit waren, eine Arbeit zu leisten, die die Gemeinde nicht hätte leisten können. Zu diesem Zeitpunkt war als Grundlage für eine Rehabilitationsarbeit an Drogenabhängigen bereits der Verein *Freie christliche Jugendgemeinschaft e.V.* gegründet worden.

Der Wiedenhof, dieses ehemalige Hotel in Kirchenbesitz, hat, ganz nebenbei bemerkt, eine interessante Geschichte.

1972: Geburtstagsfeier von Pfarrer Paul Deitenbeck im Hotel Wiedenhof/Lüdenscheid. Anwesend: Pfarrer Kurt

> Heimbucher und andere führende Männer der „Bekenntnisbewegung". Ein blasser Kellner berichtete verstört, dass man eine Frauenleiche in einem der Hotelzimmer gefunden hatte. Diagnose: Überdosis Heroin. Die erste Drogentote von Lüdenscheid. Schockiert über das Drama beteten die Pastoren um Hilfe für die Drogenabhängigen und erreichten damit Konkretes.
>
> Unser Weg

Kein Mensch hätte damals gedacht, dass der Wiedenhof tatsächlich einmal ein Zuhause für drogenabhängige Menschen werden würde.

Wie es der Zufall so wollte, hatten Michael und seine Freunde das Haus schon ein Jahr vorher als den idealen Platz für ein Rehabilitationszentrum „im Glauben eingenommen". Es schien ihnen der richtige Ort zu sein, das umsetzen zu können, was ihnen schon lange auf dem Herzen brannte. Nicht nur die Arbeit mit den drogenabhängigen Menschen wäre dort möglich gewesen, auch der Buchladen hätte Platz gefunden, ebenso wie die überkonfessionelle Jugendstunde.

Inzwischen stand das ehemalige Hotel leer und die Verwaltung des Kirchenkreises wusste nicht genau, was mit diesem großen Gebäude geschehen sollte. Es gab zwar einen Kaufinteressenten, aber der wollte dort ein Bordell einrichten …

Über die überkonfessionelle Jugendstunde entstanden Kontakte zur Kreuzkirchengemeinde, und das Problem der vielen Drogenabhängigen in Lüdenscheid war auch dem Presbyterium bewusst. Ebenso wusste das Presbyterium, dass diese *Jesus People*-Gruppe nach einem geeigneten Rehabilitationszentrum suchte. Und dann kam plötzlich etwas zusammen, was im Rückblick als schon lange von Gott vorbereitet erscheint.

Am 16. Januar 1976 wurde aus dem Lüdenscheider Hotel das „Haus Wiedenhof", eine Heimat für drogenabhängige Menschen.

Revolutionäre der Liebe Gottes / 13

Michael und Jolie zogen mit ihren Kindern und den vier Abhängigen, die sie schon in ihre Familie aufgenommen hatten, in den Wiedenhof ein. Mit ihnen kamen zwei weitere Ehepaare als Mitarbeiter in die beginnende Rehaarbeit, die beide früher mit Clarens in einer Kommune gelebt hatten und nun über kurze Umwege ebenfalls in Lüdenscheid gelandet waren, außerdem fünf weitere Mitarbeiter, zum Teil selber ehemalige Drogenfreaks aus Lüdenscheid. Einer von ihnen war Bernd Mette:

> Anfang der 70er Jahre war ich, nicht befriedigt von einer egoistischen, lieblosen Welt, ausgebrochen aus der Gesellschaft, auf der Suche nach Freiheit und Selbstverwirklichung. Die Hippies mit ihren Schlagworten *love, peace, freedom* schienen mir zu bieten, was ich suchte. Der Weg zum Glück schien mir die Befreiung von gesellschaftlichen Verpflichtungen und Verantwortung zu sein. Ich wollte ungestört alle meine „Böcke" ausleben können, nahm Haschisch und LSD und verlor dabei jede Basis für ein normales Leben. Ich verließ mein Elternhaus, brach einen Monat vor dem Abitur die Schule ab und lebte vom Rauschgifthandel. Mein Leben verlor jede Richtung und ich wurde hin und her getrieben von einem Rausch zum nächsten. Dann fing ich an Opium und Morphium zu spritzen. Der „Schuss" tötete in mir jedes Fragen nach dem Wohin und gab mir enorme Kraft in der Rolle des unverstandenen Außenseiters.
>
> Ich war fast vier Jahre abhängig von der Spritze; sie war alles geworden in meinem Leben. Gefängnis- und Krankenhausaufenthalte häuften sich. Aus der vermeintlichen Freiheit war eine Versklavung an die Droge geworden. Durch die ständig scheiternden Versuche, damit aufzuhören, wurden Angst und Verzweiflung immer größer. Dann kamen noch Alkohol und Tabletten hinzu und jeder einzelne Tag endete mit einer Totalbetäubung. Inzwischen suchte ich schon die Schuld für mein kaputtes Leben bei mir selbst und

nicht mehr in der Gesellschaft. Ich ging zum Arzt und zu Psychologen, aber niemand konnte mir helfen. Weder eine Entziehungskur noch autogenes Training brachten etwas, aber jedes Mal, wenn ich keine harten Drogen mehr nahm, wurde die Leere in mir ausgefüllt von quälender Angst und Depressionen. Da blieb nur noch der Tod als Ausweg und ich unternahm zwei Selbstmordversuche. Einmal schluckte ich 40 Schlaftabletten und das andere Mal spritzte ich mir zwanzig Kubikzentimeter Luft in die Venen.

Die Wende kam, als ich zur Reha in eine christliche Wohngemeinschaft ging. Dort hörte ich das Evangelium von Jesus Christus: dass er in die Welt zu den Aussätzigen und Sündern gekommen sei, um sie zu heilen. Und dass er gestorben, aber wieder auferstanden sei und noch lebe und auch heute die gleichen Wunder wie vor 2000 Jahren tue. Es war das erste Mal, dass ich ganz deutlich spürte, dass Gott mich persönlich rief. „Herr Jesus, wenn das stimmt, was hier in der Bibel steht, und du lebst und mir hilfst, dann will ich dir mein ganzes Leben geben", war meine Antwort. Ich hörte auf zu spritzen und erlebte das Wunder, dass die quälenden Entzugserscheinungen ausblieben. Für mich war das so gewaltig, dass ich auf einmal wusste, dass die Bibel Wahrheit ist, denn in Jesaja 53,4 steht: „Fürwahr, er trug unsere Krankheit und lud auf sich unsere Schmerzen!" Ich bekannte Jesus meine Sünden und wurde in einem Augenblick frei von aller Angst, Verzweiflung und den Depressionen. Seit zwei Jahren hatte ich an einer chronisch aggressiven Hepatitis gelitten, doch drei Wochen nach meiner Bekehrung stellte der Arzt fest, dass meine Leber gesund war. Jesus hatte mich erlöst von der Macht der Drogen und mich gesund gemacht! Eine so große und tiefe Freude erfüllte mich, wie ich sie bisher nie gekannt hatte. Seitdem habe ich weder Drogen noch Ähnliches zu mir genommen.

Unser Weg

Bernd ist einer von vielen, die in den vergangenen dreißig Jahren im Wiedenhof von ihrer Drogensucht losgekommen sind. Er ist einer von denen, die wieder Hoffnung schöpften, obwohl kaum jemand auch nur einen Pfifferling für ihr zerstörtes Leben gegeben hätte.

Für Bernd erfüllte sich außerdem der Traum vom Zusammenleben in einer Gemeinschaft, was er einst in Kommunen gesucht hatte.

Bis heute lebt er seinen Traum und steht mitten in der Verwirklichung seiner Lebensvision – Bernd ist Anfang 1977 als Mitarbeiter in der Rehaarbeit an Drogenabhängigen tätig, die er seit 1987 auch leitet.

Verschlungene Wege

Es war schon eine gewaltige Aufgabe, mit 260 DM in der Vereinskasse, der Aussicht auf eine ziemlich kostspielige, aber dringend nötige Hausrenovierung, zehn Mitarbeitern und zunächst vier Reha-Gästen das Projekt „Drogenreha" im Wiedenhof zu starten. Da stand man nun, hatte ein riesiges, fast hundertjähriges Haus mit etwa dreißig ziemlich heruntergekommenen Räumen, überalterter Großküche, vorsintflutlicher Waschküche, Essraum, viel Keller, Garage und angebautem Saal für ca. 250 Personen nicht nur zu verwalten, sondern erst einmal in Schuss zu bringen. Darüber hinaus war ein Konzept für die Rehabilitation zu erarbeiten, ein Rahmen, in dem die Gäste zu einem gesunden Leben zurückfinden konnten. Das ließ sich nur mit viel Pioniergeist und Glauben an den einen großen Gott bewerkstelligen. Was anfänglich wie ein gewagtes Experiment wirkte, das entwickelte sich rasch zu einer dynamischen, auf Gott ausgerichteten Arbeit.

In der praktischen oder finanziellen Versorgung passierten viele, viele Wunder. Selbst wenn es bedenklich aussah, und das war ziemlich oft der Fall, gab Gott immer zur rechten Zeit die rechten Mittel, so dass keiner Mangel litt. (Wenn man sich allerdings heute überlegt, wie damals gerechnet werden musste! So floss der größte Teil der eingehenden Spenden in Strom- und Heizölkosten, für Essen wurde pro Kopf und Tag 5 DM angesetzt, und die Mitarbeiter erhielten jeder 60 Pfennig Taschengeld am Tag.) Innerhalb von vier Monaten waren schon zehn Reha-Plätze belegt, sodass eine Warteliste eingerichtet werden musste. Wiederum wenige Monate später waren vier weitere Rehabilitanden („Gäste") gekommen. Trotz hart erscheinender Aufnahmebedingungen wie absolutem Alkohol- und Nikotinverbot, zweimonatiger Ausgangssperre, Teilnahmeverpflichtung für alle Veranstaltungen – gemeinsame Gebetsstunden, Bibelandachten, Gottesdienste – sowie weiterer fester Reglementierungen gab es viele Anfragen nach einem Therapieplatz.

Im Laufe des ersten Jahres entwickelte sich allein durch die notwendigen Reinigungsarbeiten in dem fast dreißig Personen großen Haushalt und die anstehenden Renovierungen allmählich ein geordneter Tages- und Wochenablauf. Der sah in etwa so aus: Jeden Morgen trafen sich die Mitarbeiter um sieben Uhr zum gemeinsamen Gebet, um sich von Gott zum Dienst segnen zu lassen. Beim anschließenden Frühstück waren alle, Mitarbeiter und Gäste, zusammen, und von dort ging es direkt weiter mit der täglichen Bibelstunde. Die dauerte anfangs in der Regel glatte drei, dreieinhalb Stunden, in denen das Wort Gottes intensiv studiert und ausgelegt wurde. Für die Gäste war das nicht selten eine enorme Herausforderung, da die meisten das konzentrierte Zuhören über einen längeren Zeitraum überhaupt nicht mehr gewohnt waren. Danach ging es dann in den jeweiligen Arbeitsbereich wie Kochen, Waschen, Putzen, Renovieren usw., wobei jeder Bereich von einem der Mitarbeiter verantwortet wurde. Das bedeutete, dass die Mitarbeiter (junge Mütter ausgenommen) oft zusammen mit den Gästen arbeiteten, um ihnen zu helfen, aber auch, um nicht nur in den Bibelstunden oder sonstigem „geistlichen Programm" präsent zu sein, sondern gerade im Alltag das Leben mit den Gästen zu teilen. Es ging darum, eine familiäre Atmosphäre zu schaffen, in der sich jeder Reha-Gast angenommen fühlen konnte.

Fast alle, die ins Haus Wiedenhof kamen, konnten feststellen, dass sie nahezu keine Entzugserscheinungen hatten. Keine Schmerzen! Das war ein Wunder, denn der Heroinentzug ist, wenn er nicht medikamentös gemildert wird, normalerweise mit grauenhaften Schmerzen verbunden. Gott hatte also immer direkt eingegriffen. „Wen der Sohn frei macht, der ist wirklich frei." In dicken Lettern stand dieser Bibelvers schon über der Eingangstür zum Wiedenhof, und er sollte sich in dreißig Jahren immer und immer wieder bestätigen.

Da war zum Beispiel K.: K. war bereits 57 Jahre alt, seit 30 Jahren alkoholabhängig und hatte in den letzten Jahren zusätzlich Barbiturate geschluckt. Er war in der DDR aufgewachsen und hatte nie Liebe, Zuneigung und Geborgenheit erfahren. Weil er in offener Auflehnung gegen die Politik der DDR lebte, deswegen schon inhaftiert gewesen war, musste er 1958 Hals über Kopf in den Westen fliehen. Frau und Kinder musste er zurücklassen, ohne jede Chance, jemals wieder in die Heimat gehen zu können. Um die Einsamkeit zu vergessen, fing er an zu trinken, bis er schließlich als „Penner und Verbrecher" endete. Er war schließlich so weit, dass er Brennspiritus trank, wenn nichts anderes verfügbar war. Im Kampf gegen das Delirium und mit seinem abgrundtiefen Hass im Herzen hatte er eine Begegnung mit Jesus Christus. Er lernte Christen kennen und erlebte zum ersten Mal Annahme, trotz seines abstoßenden Äußeren – immerhin hatte er zu der Zeit ein halbes Jahr lang keine Badewanne mehr zu Gesicht bekommen. Er bekehrte sich und hatte fast keine Entzugserscheinungen. Nach zwei Rückfällen und einigen Umwegen blieb er schließlich im Wiedenhof und wurde wiederhergestellt.

Oder ein Paar aus Iserlohn: Die beiden hochgradig Heroinabhängigen lebten unter ständiger Polizeiüberwachung nur noch in verdunkelten Räumen. Die Frau wog ca. 35 kg, konnte nichts mehr essen, und kein Krankenhaus nahm sie mehr auf. Beide waren zu schwach, um irgendetwas zu unternehmen, was sie aus ihrer Situation herausgeholt hätte. Die Wiedenhof-Mitarbeiter machten dennoch ein Krankenhaus ausfindig, so dass die Frau die dringend benötigte Hilfe bekam und ihrem Mann nach einiger Zeit in die Reha folgen konnte. Beide nahmen Jesus als ihren Herrn an und kamen allmählich wieder zu Kräften.

Oder ein anderes Ehepaar, das aus Frankfurt zur Therapie in den Wiedenhof gekommen war. Nach fast elfjähriger Heroinabhängigkeit brauchte jeder von ihnen täglich ein ganzes Gramm Heroin, um überhaupt einigermaßen durch den Tag zu kommen. Die Frau musste sich prostituieren, um das Geld für die Droge zu beschaffen. Als sie ankamen, hatten sie bereits acht Entziehungskuren hinter sich gebracht, immer unter schlimmsten Qualen. Nach Gebet waren diesmal Schlafbeschwerden über zwei Nächte die einzigen Entzugsauswirkungen bei dem Mann. Die Frau musste allerdings kurzfristig ins Krankenhaus. Ihr ganzer Organismus war dermaßen heruntergekommen, dass sogar die Ärzte bescheinigten, so etwas in ihrer Laufbahn noch nicht gesehen zu haben. Aber Gott sei Dank, beide nahmen Jesus in ihr Leben auf.

Der Reha-Alltag wäre kaum Reha-Alltag gewesen, hätte es nicht auch hier das Leben „hinter den Kulissen" gegeben: Kinder, die lauthals schreiend, lachend oder sonstwie durchs Haus tobten und schon mal dem ein oder anderen Gast in ihrer unbefangenen Kinderart Fragen stellten: „Hast du etwa geraucht? Du stinkst ja so!" Tja, Kindermund tut Wahrheit kund ... In solch einem Fall durfte man sich erst einmal vor seiner Bezugsperson verantworten. Übrigens wurden Mitarbeiter deshalb als Bezugspersonen bezeichnet, weil jeder einen oder mehrere Gäste in der Zeit der Therapie seelsorgerlich und auch in praktischen Angelegenheiten, z. B. bei Behördengängen, begleitete. Auch bei den Mahlzeiten ging es öfter heiter bis wolkig zu. Da passierte es schon mal, dass beim Tischgebet „der Segen des Herrn auf das Essen gelegt wurde" oder ein Witz die Runde machte, so dass alle in schallendes Gelächter ausbrachen. Es kam auch schon einmal vor, dass kaum einer das vorgesetzte Essen anrührte, „Gemüse mit Pfannkuchenresten nach Art des Hauses", dafür aber anschließend in die Pommesbude stürzte, um seinen Hunger zu stillen. Dann war da noch der Gast, der schon bald gehörig an Leibesumfang zugelegt hatte und, wo immer er eine unbeobachtete Ecke entdeckte, dort ad hoc in sein Schläfchen fiel. Das hatte ihm dann den Spitznamen Schlummi eingebracht.

Natürlich wurde auch öfter mal gemosert – übers Essen, die Arbeit, die Mitarbeiter und, und, und. Schließlich waren hier ganz normale Menschen zusammen, und die Gäste waren auch nicht bei Eintritt in den Wiedenhof komplett erneuert. Das Heilwerden jedes Einzelnen geschah in Prozessen, Rückschläge und Rückfälle eingeschlossen, und kostete viel Zeit, Kraft und Geduld. Dennoch – über allem stand und steht die Liebe Gottes, der sich barmherzig und treu dem Einzelnen zuwendet, weil ihm alles daran gelegen ist, dass „der Mensch gerettet wird und zur Erkenntnis der Wahrheit kommt"!

Mittlerweile hatte die Reha-Arbeit im Haus Wiedenhof ihr einjähriges Bestehen hinter sich gebracht. Großartige Dinge waren geschehen:

> Es ist etwas Wunderbares zu sehen, dass der Herr ein Werk, das er seinen Kindern anvertraut hat, segnet. Unsere Herzen sind voller Freude über all das Herrliche, was Gott im letzten Jahr getan hat. Die erste Generation unserer Gäste ist jetzt bereit, ihren Weg mit Jesus alleine zu gehen. Von ihnen ist nur ein Mädchen nach acht Monaten wieder rückfällig geworden, alle anderen sind im Glauben gewachsen.
> Wir durften schuldenfrei ins neue Jahr gehen, konnten vieles im Haus renovieren, einige dringende Neuanschaffungen vornehmen. Wir freuen uns aufrichtig über all die treuen Seelen, die der Herr beauftragt hat, uns durch Gaben und Gebete zu segnen, und die gehorsam waren. Wir danken allen im Namen Jesus dafür.
> Wir dürfen auch bezeugen, dass die Gemeinschaft mit vielen Glaubensgeschwistern in unserer Stadt enger und herzlicher wurde, und wir haben erlebt und erleben noch, wie die Liebe Gottes alle konfessionellen Mauern und Barrieren durchdringt. Dem Herrn sei Dank!
>
> *M.C. in Unser Weg*

Nach nur einem Jahr des Bestehens hatte die Einrichtung schon innerhalb der eigenen Stadt, aber auch darüber hinaus ihren Platz gefunden. Zum eigentlichen Jahresfest im Jahre 1977 kamen sogar Vertreter öffentlicher Ämter Lüdenscheids, denn die Stadtverwaltung interessierte sich für die Arbeit. Aber auch intern gab es weitere Entwicklungen. So hatte ein befreundetes Missionswerk eine Kleinoffset-Druckmaschine gespendet, auf der dann die Rundbriefe *Unser*

Weg selbst gedruckt werden konnten. Die Maschine machte es auch möglich, kleinere Druckaufträge gegen Bezahlung auszuführen. Der Arbeitsbereich Möbelrestauration entwickelte sich, und gegen Bezahlung wurden Umzüge und Entrümpelungen durchgeführt. Schon im Dezember 1976 gab es den ersten Flohmarkt im Saal des Wiedenhofs, der von der Lüdenscheider Bevölkerung sehr gut angenommen wurde. Die Einnahmen aus diesen Arbeitseinsätzen brachten manche zusätzliche Mark ins Haus und halfen, über die mitunter sehr engen Runden zu kommen.

Noch etwas nahm eine geradezu rasante Entwicklung: Neben dem Chor „Lebendiges Wasser", der aus der überkonfessionellen Jugendstunde entstanden war und dem Leib Christi dienen wollte, wurde eine Band mit Namen „Eden" gegründet. Drei der Mitarbeiterehepaare der Reha hatten schon früher Erfahrungen als Profimusiker gesammelt. Nun sahen sie sich von Gott geführt, als Band missionarisch aktiv zu werden, um die zu erreichen, die niemals eine Kirche oder Gemeinde betreten würden. Verschiedene Auftritte schienen das zu bestätigen. Außerdem wurden sie bei einem *Eden*-Einsatz in Berlin von Vertretern unterschiedlicher Gemeinden und Denominationen aus ganz Deutschland für ihren Dienst als Musikgruppe gesegnet. Immer wieder entschieden sich bei ihren Konzerten auch Menschen für Jesus. Sie wurden immer häufiger eingeladen, mussten aber meistens aus Zeitgründen absagen. Schließlich war da ja noch die Reha-Arbeit. Guter Rat war teuer, und wie so oft in der Vergangenheit blieb wieder einmal nichts übrig, als ins Gebet zu flüchten und auf das Eingreifen Gottes zu hoffen …

… das nicht lange auf sich warten ließ. Im September 1977 wurden Walter und Irene Heidenreich von Gott und den Mitarbeitern des Wiedenhofs gerufen und machten sich auf, ließen Freunde und die Gemeinde, die durch sie in Iserlohn entstanden war, hinter sich und zogen in den Wiedenhof ein. Alle Versuche, in Iserlohn ein Haus für die Drogenrehabilitation zu finden, waren gescheitert. So zogen sie 35 Kilometer weiter nach Lüdenscheid, um hier in die zukünftige Leitung der Reha-Arbeit hineinzuwachsen. Zunächst aber war der

Schock über das, was sie erwartete, ziemlich groß: Die angekündigte Wohnung, die sie hätten beziehen sollen, gab es nicht ...

Glücklicherweise waren Martin und Gila Rohsmann mit ihrer kleinen Tochter gerade zur Therapie im Wiedenhof. Sie erklärten sich bereit, ihre Bleibe zu räumen und zwei Stockwerke höher in ein Doppelzimmer zu ziehen, um für Walter und Irene Platz zu schaffen. Dank ihrer tatkräftigen Unterstützung wurde aus den zwei kleinen Zimmern mit einem eigenen Bad und einem winzigen Flur sogar eine schmucke Wohnung für das neue Mitarbeiterehepaar. Das beispielhafte Verhalten von Gila und Martin war ein ganz deutlicher Beweis dafür, wie tief die Veränderung durch ihre Entscheidung für ein Leben mit Jesus gegriffen hatte. Sie waren ein lebendiges Zeugnis der Liebe Gottes.

Martin:

> Anfang 1970 fing ich an, mein eigenes Leben zu leben. Ich hatte gerade die Volksschule verlassen und eine Lehre begonnen. Ich fing an, mit Freunden Haschisch zu rauchen und das Leben zu genießen. Ich war für fast alles offen und probierte schon nach einiger Zeit LSD aus. In der Zwischenzeit brach ich meine Lehre ab, weil ich einfach keine Lust mehr hatte weiterzuarbeiten. Das Herumgammeln gefiel mir außerordentlich gut. Auch hatte ich viel Spaß daran mit meinen Freunden Haschisch zu rauchen, Trips zu werfen, viel herumzukommen, viel zu erleben und vor allem wenig zu arbeiten. Trotzdem war ich nicht wirklich ausgefüllt und im Grunde sogar sehr unzufrieden. Also begann ich eine weitere Lehre, zu der ich aber mehr gedrängt war, als dass ich es aus eigenem Antrieb gewollt hätte. Anfang 1974 kam ich dann das erste Mal mit Heroin in Berührung und ich fing an zu „drücken" (Heroin zu spritzen). Anfangs gefiel mir das sehr gut und mein Drogenkonsum nahm immer mehr zu. Bis ich schließlich in der Drogenabhängigkeit landete. Ende 1975 lernte ich dann meine jetzige Frau Gila kennen ...

Gila:

Im Alter von 14 Jahren begann ich nach dem Sinn des Lebens zu suchen. Auf keinen Fall wollte ich ein Leben wie das meiner Eltern führen. Ziemlich schnell kam ich auf meiner Suche mit Rauschgift in Kontakt. Zusammen mit einigen Freunden rauchte ich zum ersten Mal Haschisch und es gefiel mir. Ich fühlte mich glücklich. Dann verliebte ich mich auch noch in einen Mann, der Haschisch verkaufte. Wir befreundeten uns und brachen mehr und mehr aus der Gesellschaft aus. Die Nacht wurde für uns zum Tag, wir entfernten uns total von der Realität. Dann wurde ich schwanger und meine Tochter Melanie wurde geboren. An dem Tag, als ich mit Melanie aus dem Krankenhaus entlassen wurde, verhaftete die Polizei meinen Freund und er musste eine zweijährige Haftstrafe absitzen. Während dieser Zeit war ich mit meiner Tochter bei meinen Eltern und beendete meine Lehre. Das hielt mich allerdings nicht im Geringsten davon ab, weiterhin Drogen zu konsumieren. Ich rauchte Haschisch, schluckte LSD und Speed. Als mein Freund endlich entlassen wurde, nahmen wir uns eine gemeinsame Wohnung.

Der Gefängnisaufenthalt hatte ihn so zerstört, dass er nur noch versuchte, sich zu betäuben. Es dauerte nicht lange und wir fuhren das erste Mal nach Holland, um Heroin zu kaufen. Zuerst sah es so aus, als hätten wir die Erfüllung unserer Wünsche gefunden, aber bald waren wir hochgradig abhängig vom Heroin.

Ende 1975 zogen wir dann um nach Datteln, da mein Freund dort eine Arbeit gefunden hatte. Hier lernte ich auch meinen jetzigen Mann Martin kennen, der ebenfalls heroinabhängig war. Zusammen fingen wir an Heroin zu verkaufen, um den eigenen Bedarf zu decken. Als mein Freund bald darauf seine Arbeit verlor, zogen wir wieder um – nach Dortmund, in genau das Haus, in dem auch Martin wohnte. Ein paar Monate später wurden mein Freund und Martin verhaftet. Martin wurde einen Tag später wieder auf freien Fuß gesetzt und seitdem sind wir zusammen. Nun stand Martin eine Gerichtsverhandlung bevor, die ihn für längere Zeit ins Gefängnis gebracht hätte. Deshalb suchten wir eine Therapieeinrichtung, wo man uns zusammen mit meiner Tochter aufnehmen würde. Wir heirateten sogar, nur um den Platz im Wiedenhof zu bekommen. Dann hörten wir das allererste Mal, dass Jesus Christus gestorben war, um uns zu befreien. Sehr bald spürten wir durch die Leute im Wiedenhof, dass das stimmen musste, aber wir waren einfach zu stolz, um uns vor ihm zu beugen und ihn als Herrn unseres Lebens anzunehmen. Zweimal wurde Martin rückfällig, bis wir so weit waren, den für uns so entscheidenden Schritt zu wagen. Jesus hat uns erlöst von den Drogen, von unserer ganzen Angst und Verzweiflung und wir folgen ihm gerne nach. Er hat uns wahrhaft neues Leben gegeben, er hat unsere Rebellion in Demut verwandelt, unsere Unrast in Frieden, unseren Hass in Liebe und unsere Trauer in Freude.

Unser Weg

Auch Martin und Gila erlebten, wie schon viele vor ihnen, dass sie nach Gebet keinerlei Entzugserscheinungen hatten. Über dem Warten auf die bekannten qualvollen Schmerzen waren sie eingeschlafen und bemerkten erst am nächsten Morgen, dass nichts dergleichen passiert war. Dieses übernatürliche Erleben des Heiligen Geistes gab den Ausschlag zu ihrer Bekehrung. Die herzliche Atmosphäre von Annahme und Liebe, die sie bei Mitarbeitern und „älteren" Gästen spürten, wog alle straffen Regeln auf. Es war immer jemand da, der sich um sie kümmerte und nachfragte, ganz oft Bernd, der ja ähnliche Erfahrungen gemacht hatte. Kein Wunder also, dass in ihnen der Wunsch aufkeimte, einmal Mitarbeiter zu werden. Sie wollten auch etwas an Jesus zurückgeben.

Dass sich ihr Wunsch jedoch so schnell erfüllen sollte, war für Gila und Martin mehr, als sie auch nur zu denken gewagt hätten. Die Reha im Wiedenhof hatte bereits ihren zweiten Geburtstag gefeiert und eine nächste Generation von Gästen konnte als geheilt in eine Ausbildung oder ein geregeltes Arbeitsleben entlassen werden. Zu dieser Gästegeneration gehörten auch Gila und Martin. Ehe sie sich aber auf Arbeitssuche begeben konnten, bat man sie, doch als Mitarbeiter in der Reha zu bleiben. Die beiden waren von dieser Anfrage völlig überrascht; ihr geheimer Wunsch war Wirklichkeit geworden.

Die Musikarbeit, als zweiter Bereich neben der Rehabilitation, wurde immer bedeutender. Es gab inzwischen ein eigenes kleines Tonstudio, das nicht nur für den eigenen Bedarf gedacht war, sondern auch als günstige Alternative zu teuren Plattenstudios angeboten wurde. Arbeits- und Zeitaufwand in Sachen Studio und Band war so intensiv geworden – die Band hatte zu diesem Zeitpunkt schon ihre erste LP („Erwartung") veröffentlicht –, dass die Musiker von *Eden* sich ganz aus der Reha-Arbeit zurückzogen.

Im Klartext hieß das: Es fehlten die Mitarbeiter für die Reha und in dieser Situation war einmal mehr die Führung Gottes nötig. Wie gut, wenn er uns manchmal einen kleinen Blick durch das Dickicht von Umständen und Geschehnissen erlaubt, die man in dem Moment, in dem sie passieren, nicht begreifen kann. Gott hatte die Mitarbeiter, die die Lücke füllen würden, schon parat. Bernd Mette, der inzwischen die Leitung einer Reha in Ostwestfalen übernommen hatte, kam zurück in den Wiedenhof. Diese Zweigstelle hatte sich in den eineinhalb Jahren ihres Bestehens nicht so gut bewährt. Das lag weniger an den Mitarbeitern als an der schlechten finanziellen Situation und den Schwierigkeiten, dort in Ostwestfalen richtig Fuß fassen zu können. Gleichzeitig mit Bernd kamen Nikola und Sylvia Nesovic: Gottes wunderbare, wenn auch recht verschlungene Wege.

SCHRITT FÜR SCHRITT

Wie schon so oft, konnte man über Gottes Inszenierung nur staunen. Er hatte eine neue Crew für die Reha zusammengestellt, alte und neue Freunde, die auch die Aufgabenverteilung dankbar als von Gott gegeben annahmen. Walter und Irene hatten bereits die Leitung der Reha-Arbeit übernommen, das bedeutete für Walter unter anderem reichlich Gesprächs-, Gebets- und Büroarbeit und für Irene, dass sie Schritt für Schritt den Bereich der Finanzen übernehmen sollte. Bernd wurde Walters Stellvertreter und war verantwortlich für die Arbeitseinteilung. Martin war immer noch der Mann fürs Haus, sprich Hausmeister, Gila sorgte für saubere Wäsche, Sylvia kümmerte sich um das leibliche Wohl und Nikola übernahm die Öffentlichkeitsarbeit inklusive Druckerei.

Alle fühlten sich pudelwohl in dieser Zusammensetzung und waren hochmotiviert, das Boot Reha so richtig auf Kurs und in Fahrt zu bringen. Die deutliche Trennung von Reha- und Musikarbeit war in diesem Prozess der Neuordnung und Neuorientierung nicht nur hilfreich, sondern sehr wichtig. Die Richtung war klar und lag in der Natur des Dienstes. Die ganze Konzentration galt dem gemeinsamen Leben und der Hingabe an die Drogenabhängigen. Es war genau das, wonach es sich anhört: eine Herausforderung der besonderen Art.

> Ein Leben aus der Vergebung ist die Basis jeglichen geistlichen Lebens und Wachstums. Deswegen soll und ist es gerade auch in unserer Arbeit an Drogenabhängigen so

> wichtig, dass wir als Mitarbeiter Gott immer wieder bitten, uns sensibel für ihn selbst und die uns anvertrauten Menschen zu machen. Die Dinge, die wir als Mitarbeiter in unserem Leben nicht leben, werden auch für unsere Gäste Theorie bleiben, so lange sie nicht sehen, wie Nachfolge Jesu aussieht.
>
> *Unser Weg*

Vergebung und Sensibilisierung für den anderen, wie es Walter hier in dem damals aktuellen Rundbrief *Unser Weg* konstatierte, ist im Grunde das Handwerkszeug, ohne das man für diesen Job unbrauchbar wäre. Leider wird einem das nicht unbedingt in die Wiege gelegt, und so bedeutete es für alle harte Arbeit, einen Lebensstil der Buße und Vergebung im Miteinander zu entwickeln. Mit den Gästen und ihrer kaputten Persönlichkeit umzugehen war das eine, wenn sich aber die Mitarbeiter untereinander nicht ganz grün waren, etwas anderes. Solche Dinge mussten unbedingt ausgeräumt werden. Es gab einige außerordentliche Mitarbeitertreffen, und da man nicht sonderlich zimperlich war, ging es auch schon mal ganz schön zur Sache – bis man sozusagen „durch" war. Uneinigkeit und Missstimmung durften einfach nicht ungeklärt bleiben. Dann hätte man mit dem Dienst gleich einpacken können. Und noch etwas ganz Wesentliches: Alle hatten nicht nur eine Berufung zum Dienst an „Kaputten", sondern ebenso eine Berufung füreinander, die sich in gegenseitiger Hingabe ausdrückte. Der wollte man sich nicht entziehen: ein wesentlicher Grund, sich den Schwierigkeiten eines gemeinsamen Lebens zu stellen.

So weit, so gut. Das praktische Leben wurde ebenfalls etwas geordneter. Der Tagesablauf veränderte sich ein wenig und wurde gründlicher strukturiert. Zum Beispiel wurden die Andachten auf maximal eineinhalb Stunden am Morgen begrenzt, die Arbeitszeiten verlängerten sich entsprechend, zwei freie Nachmittage wurden eingeführt und am Freitagnachmittag war Sport angesagt. Auch die Abende bekamen mehr Form. So war der Mittwochabend für die Bibelstunde in der Kreuzkirche reserviert, die die gesamte

Belegschaft regelmäßig besuchte. Der Freitagabend stand ganz im Zeichen des „Familienabends", an dem die Hausgemeinschaft zu Anbetung, Gebet, Input und zum gemeinsamen Liebesmahl zusammenkam. Bei entspanntem Plaudern und Naschen (es gab immer etwas Besonderes) klang so ein Familienabend dann aus. Samstags war überkonfessionelle Jugendstunde, jetzt schon im eigenen Saal im Wiedenhof, und der Sonntag wurde nach dem gemeinsamen Gottesdienstbesuch in der Kreuzkirche vom so genannten Sonntagsdienst, den jeweils tagesverantwortlichen Mitarbeitern, gestaltet.

Noch etwas bestimmte den Tagesablauf, was ganz wichtig war: Von Montag bis Freitag trafen sich die Mitarbeiter täglich für etwa eine Stunde zum Austausch, Besprechen und Gebet für die Dinge, die anstanden und die sie im Blick auf die Gäste bewegten. Dadurch lernten sie voneinander und auch durch Walters und Irenes sensible, klare Leitung, die Gäste zu begleiten und sie in ihrem Glauben zu fördern. Es wäre das Letzte gewesen, die Gäste nur „fromm zu machen". Sie sollten schließlich eine persönliche Beziehung zu ihrem Schöpfer entwickeln und mündige Christen werden:

> Im Verlauf der Therapie lernt der Gast in den verschiedenen Arbeitsbereichen unseres Werkes Verantwortung und Durchhaltevermögen. Dies ist nicht immer sehr einfach für jemanden, der oft jahrelang nicht mehr im Arbeitsprozess stand. Hier sind viele Gespräche, Geduld und Gebet nötig. Die Therapie dauert 12-15 Monate. Der regelmäßige Besuch der Gemeinde und unserer Jugendstunde soll unserem Gast ermöglichen, einen neuen Freundeskreis zu finden. Gegen Ende der Therapie versuchen wir, für den Betreffenden eine Wohnung und einen Arbeitsplatz zu beschaffen, da wir niemanden ohne diese Voraussetzungen entlassen.
>
> *Unser Weg*

Bücherschrank – so hieß das neue Ladenlokal im Lüdenscheider Stadtzentrum. Dieser Name stand für eine Arbeitsgemeinschaft der christlichen Buchhandlung (Michael Claren), einem Buch-Antiquariat und dem ständigen Flohmarkt mit alten und antiken Möbeln (Haus Wiedenhof). Dieser neue Arbeitszweig sollte u. a. die Arbeit im Wiedenhof finanziell unterstützen. Außerdem ergaben sich immer wieder Möglichkeiten, Menschen mit dem Evangelium zu erreichen und die Reha-Arbeit besser bekannt zu machen. Martin Rohsmann hatte angefangen, Möbel zu restaurieren, sie abzuholen, zu verkaufen und zu liefern. Bald musste er in seiner eigentlichen Aufgabe entlastet werden. Ein alter Bekannter, der selbst Jahre im Drogenmilieu von Iserlohn gelebt hatte, trat seine Nachfolge als Hausmeister an. Jetzt konnte Martin den neuen Arbeitsbereich gründlich ausbauen.

Ein weiterer kam hinzu: Die *Teestube Eden*, die einige Jahre lang eine Anlaufstelle für junge Leute war, konnte sich nicht mehr halten. Sie wurde zuletzt zunehmend von Rockern aufgesucht, was viel zu viele andere Besucher abschreckte. Nachdenken und Gebet führte dazu, diese Arbeit zu beenden und in den Räumen eine Boutique zu eröffnen. Das war nämlich die Gelegenheit, alles Selbstgeschneiderte – zum Beispiel Pumphosen, damals absolut trendy – aus der „Nähstube Wiedenhof" an den Mann zu bringen. Dieser Zweig der Arbeitstherapie für weibliche Reha-Gäste entwickelte sich recht erfolgreich. Die Boutique bekam den Namen *Déja vu*. Neben Selbstgenähtem und anderer Kleidung gab es hier auch Secondhandklamotten im Angebot.

1980 war in mancherlei Hinsicht ein sehr ereignisreiches Jahr. Die FCJG hatte versucht, mit dem *Bücherschrank* und der Boutique einen Fuß in die Geschäftswelt zu setzen. Ein neuer Mitarbeiter war eingestiegen. Es gab einige *Ups and downs* in der im Schnitt elfköpfigen Gästemannschaft, und übers Jahr verteilt kamen noch mehrere Praktikanten dazu. Außerdem veranstaltete die FCJG mit Gruppen von *Jugend mit einer Mission* zwei evangelistische Pantomimen-Musical-Stücke in der Aula eines Lüdenscheider Gymnasiums. Die kamen so gut an, dass auch die Presse positiv darüber berichtete.

Nicht zu vergessen das Osterseminar, ebenfalls in Zusammenarbeit mit *Jugend mit einer Mission*, und zwar schon das dritte in Folge: vier intensive Tage des Zusammenlebens mit Vorträgen und Gebetsgruppen mit überwiegend jugendlichen Teilnehmern aus dem ganzen Bundesgebiet. Dann gab es noch etliche Einladungen in Schulklassen, Konfirmandengruppen, Elternkreise usw., wo Mitarbeiter über die Arbeit mit Drogenabhängigen berichteten und Gäste Zeugnis gaben. Der WDR hatte einen Fernsehbericht über die Einrichtung gebracht. Die Resonanz darauf war sehr positiv, unter anderem dieser wunderbare Brief von einer Schülerin:

> Ich hatte die Sendung über Sie nur aus Zufall gesehen, sie aber mit großem Interesse verfolgt. Ich war sehr beeindruckt von der Art und Weise, wie Sie Drogenabhängigen helfen ... Ich fand's einfach toll, dass Sie so etwas machen! Darum habe ich vor kurzem den WDR gebeten, mir Ihre Adresse zuzuschicken. Da Sie größtenteils oder ganz, wie ich der Sendung entnahm, auf Spenden angewiesen sind, möchte ich Sie hiermit bitten, mir Ihre Kontonummer zu senden, um Ihnen einen kleinen Betrag von DM 4,- als Spende monatlich per Dauerauftrag von meinem Konto zu überweisen.
>
> *Unser Weg*

Neben diesen ganzen Herausforderungen, die mehr oder weniger das äußere Leben betrafen, hatte die FCJG mit internen Dingen zu tun, die die ganze Gemeinschaft bis ins Mark erschütterte. Obwohl die Musiker sich alle schon aus der Reha-Arbeit herausgenommen hatten und die Musikarbeit sich immer mehr verselbständigte, war Michael Claren noch derjenige, der für beides die Hauptverantwortung trug.

> Vor vier Jahren begann die Reha-Arbeit im Wiedenhof. Seit dem Anfang sind etliche Arbeitszweige – Tonstudio, Boutique, Möbelladen usw. – neu entstanden, haben sich verändert oder wurden eingestellt.

> Auch die ganze Mitarbeiterschaft hat sich in den Jahren verändert. So ist Michael Claren, der Begründer unserer Arbeit, aus der Freien christlichen Jugendgemeinschaft ausgestiegen, um sich unter anderem seiner neu gegründeten Verlags- und Buchhandelstätigkeit zu widmen, die sicherlich sehr wichtig ist und die bestimmt in Zukunft von sich reden machen wird. Wir alle, ob Mitarbeiter oder Gäste, sind Michael und seiner Frau Jolie dankbar für ihren Einsatz in den Anfängen des Wiedenhofs.
>
> *Unser Weg*

Als das in unserem Rundbrief veröffentlicht wurde, hatten sich die Wogen, die der Ausstieg von Clarens ausgelöst hatte, schon einigermaßen geglättet. Fakt war: Ein Zusammenleben in der bisherigen Formation schien nicht mehr möglich. Ausgelöst war das durch unüberbrückbare Meinungsverschiedenheiten über die Weiterentwicklung der Arbeit. Man hatte der Gemeinschaft ein riesiges Grundstück mit mehreren Häusern (ein Areal, das in Lüdenscheid als „die Wislade" bekannt ist) zu einem Preis angeboten, der utopisch war. Anders als Michael fühlte sich das Reha-Team damals von einer solchen Herausforderung völlig überfordert, auch wenn sich hier nahezu ideale Möglichkeiten geboten hätten. Damit war der Konflikt programmiert, und tatsächlich schaffte die Mitarbeiterschaft es nicht, eine gemeinsame Lösung zu finden: dicke Krise.

Doch jetzt hieß es weitermachen und sich aufs Wesentliche konzentrieren.

> Zeiten der Erschütterung erlebt ja wohl jeder Christ mehr oder weniger in seiner Nachfolge, und so steht man vor der Entscheidung, heiliger oder bitter zu werden. Durch Gottes Gnade sind wir durch unsere Erfahrungen, so denke und hoffe ich jedenfalls, ein Stück reifer im Glauben geworden. Und wir haben dadurch eine neue Hingabe an unseren Dienst an den „Aussätzigen" und kranken Menschen unserer Gesellschaft gefunden. Es ist nicht nur

wichtig, Gott zu lieben, sondern auch die Menschen, welche er uns anbefohlen hat, und dies sind bei uns in erster Linie die Fixer – Opfer der immer mehr und schneller um sich greifenden Todesdroge Nr. 1, dem Heroin. Wir sind immer wieder dankbar, wenn Gott uns aus unserem Trott durch besondere Eingriffe in unserem Leben aufrüttelt und Zeiten der Neubesinnung schenkt. Erneuerung unserer Liebe zu Gott und den Hilfesuchenden, Reinigung unserer Motivationen sind eine Frucht der letzten Wochen und Monate in unserer Arbeit, und natürlich dann auch Befreiung und neues Leben in Christus an unseren Gästen. Nur so ist es für unsere Gäste zu schaffen. Wir wollen lernen, Jesus um seiner selbst willen zu lieben, und so lernen wir auch, unsere Gäste um ihrer selbst willen zu lieben. Das bringt Heilung und Befreiung für uns alle.

Unser Weg

Hallo Stadt, da sind wir!

Walter und Irene Heidenreich übernahmen die Gesamtleitung der FCJG mit den damit verbundenen Aufgaben, die über die Reha hinausgingen. Da war zum einen die überkonfessionelle Jugendstunde jeden Samstagabend im Wiedenhofsaal, und zum andern waren viele Kontakte zum Leib Christi in Deutschland entstanden, die es zu pflegen und zu vertiefen galt, wie z. B. mit *Jugend mit einer Mission*. In den Folgejahren veranstalteten beide Gruppen etliche Seminare, Straßeneinsätze und vieles mehr gemeinsam. Ein anderer sehr wichtiger Kontakt wurde das „Treffen von Verantwortlichen":

> Seit 1969 treffen sich Verantwortliche von evangelischen Gemeinden, Werken, Gemeinschaften, Freikirchen, missionarischen und charismatischen Bewegungen, evangelischen Kommunitäten sowie therapeutischen Gemeinschaften jedes Jahr für ein paar Tage, um sich gegenseitig mit den Gaben zu dienen, die jeder von Gott empfangen hat. Sie versuchen die Zeichen der Zeit zu verstehen und was Gott ihnen oder einzelnen Gemeinschaften aktuell sagen will; sie beten füreinander, bestärken und ermutigen einander und ergänzen sich gegenseitig; auch Korrektur ist möglich. Daraus ist eine sehr kostbare Gemeinschaft – ein Netzwerk unter Verantwortlichen aus inzwischen mehr als 120 Gruppierungen – entstanden.
>
> *Internet-Quelle*

Dieses besondere Treffen war und ist sehr wichtig. Hier kommen Glaubensgeschwister mit Erfahrung und unterschiedlichem geistlichen Hintergrund zusammen, die einander in vielen Situationen mit Rat und Tat zur Seite stehen. Ebenso ist die Gemeinschaft mit ihnen Ausdruck der Verbundenheit und Einheit im Leib Christi in unserem Land. Gleichermaßen wichtig und hilfreich ist die zweimal jährlich stattfindende Kontakt-Tagung der *Arbeitsgemeinschaft christlicher Lebenshilfen* (ACL), einem Zusammenschluss von Therapie- und Seelsorgezentren, die bewusst christlich geführt sind. Auch die ACL arbeitet überkonfessionell, mit Vertretern der verschiedenen Kirchen und Denominationen. Sie ist keine Dachorganisation mit Weisungsbefugnissen für die angeschlossenen Häuser, sondern dient der Zurüstung von Mitarbeitern und dem Erfahrungsaustausch über geistliche, organisatorische, wirtschaftliche und juristische sowie fachliche Fragen. Auch durch diesen Verbund ist die FCJG Teil eines größeren Ganzen im Miteinander mit Glaubensgeschwistern unterschiedlicher geistlicher Herkunft.

Aber zurück zum ganz gewöhnlichen Reha-Alltag. Der hatte sich nach der Krise wieder im Normalbereich eingespielt. Jeder stand auf seinem Platz und alle empfanden, dass es nun erst einmal um eine innere Stabilisierung der Arbeit und die Festigung des Mitarbeiterteams ging. Was das bedeutete? Na, ganz einfach: Hingabe und üben, üben, üben! Das gemeinsame Leben einüben, die Hingabe aneinander praktisch werden lassen, ebenso den Lebensstil der Buße und Vergebung, appetitlich garniert mit viel Geduld, die so manches Mal Not tat. Das Einüben erforderte aber nicht nur Geduld, sondern vor allem viel, viel Zeit. Hieß das, dass man dann wohl die nächsten Jahre nicht voneinander loskommen würde oder gar eine Liaison fürs Leben eingegangen war? Das schien auch andere zu beschäftigen. Ein Team der Jüngerschaftsschule von JmeM war im Wiedenhof zu Gast. Fragte einer der Teilnehmer einen Mitarbeiter:

„Wie lange bist du denn schon hier?"

„Na, so ungefähr drei Jahre."

„Wie? So lange schon? Weißt du denn schon, wie es mit deinem Leben so weitergeht? Wann wirst du woanders hingehen?"

„Wie, woanders? Will ich gar nicht. Ich bleibe immer hier und ich kann mir gar nicht vorstellen, dass Gott was anderes drauf hat für mich. Wir sind doch eine Lebensgemeinschaft. Du musst dir das mal so vorstellen, das ist wie in einer Ehe. Meinst du, da kann man einfach abhauen?!"

Das saß. Da zog der Jüngerschaftsschüler, der sich gerade aufgemacht hatte, die ganze Welt oder zumindest erst einmal Lüdenscheid zu erobern, mit gekräuselter Stirn und dem puren Nichtverstehen im Blick ab. Aber so war nun mal das Verständnis: in Einheit zusammenstehen und in gegenseitiger Wertschätzung gemeinsam leben. Das gemeinsame Leben gab Geborgenheit, aus der heraus man wachsen und sich entfalten konnte. Und Treue war gefragt, nur so konnte das ganze Werk stark und die Weichen für die Zukunft gestellt werden.

Weit gefehlt, wenn man nun denkt, dass die Leute im Wiedenhof ununterbrochen an sich, ihren Beziehungen zueinander, der Hingabe an die Gäste usw. gearbeitet hätten. Sie hatten auch ordentlich Spaß miteinander, es wurde viel gelacht, viel rumgeulkt und manches Mal ausgelassen gefeiert – was sich übrigens bis heute nicht geändert hat. Die erste Wiedenhof-Hochzeit war so ein Ding. Der Hausmeister hatte sich verliebt. Seine Auserwählte war eine der ersten Reha-Gäste gewesen. Nun stand die Hochzeit an und es konnte zur Freude aller gefeiert werden. „Da müssen wir uns etwas ganz Besonderes einfallen lassen!" Die alten Musikfreaks stellten eine Ulkband auf die Beine, die „Mafiosi". Walter, Bernd, Martin und Nikola, in entsprechendem Outfit, mit dunkler Brille, weißem Hemd, Krawatte und Hut kaum zu erkennen, gaben auf der Feier ihr musikalisches Genie zum Besten. Mit Gitarre, Tröte und Gesang und eigenen Texten zu bekannten Songs beglückten sie nicht nur das Brautpaar. Die Hochzeitsgäste explodierten schier vor Lachen, der ganze Saal bog sich. Das hatten die Jungs echt cool hingelegt.

Nicht nur Arbeiten und Feiern, sondern auch Ferien für die Gäste gehörten zum gemeinsamen Leben:

> Vom 20. bis 28. Oktober sind wir als Hausgemeinschaft der freundlichen Einladung der Familie von Schnurbein gefolgt und haben eine einwöchige Freizeit in den Ferienhäusern in Schloßau im Bayerischen Wald durchgeführt. Wir schätzen sehr diese Zeit der Gemeinschaft, die wir in den letzten drei Jahren mit der jeweiligen „Generation" unserer Gäste in dieser Umgebung erleben durften. Wir danken den freundlichen Gastgebern recht herzlich.
>
> Unser Weg

Genauso wie der Sport:

> Das Fußballspiel am 26. September zwischen der Wiedenhofmannschaft (Gäste und Mitarbeiter) und einer Auswahl junger Christen aus Iserlohn endete 6:6. Das Rückspiel steht noch aus. (Dann gibt's Gummi!)
>
> Unser Weg

Feiern, Verreisen, Arbeiten, Freizeit genießen, gemeinsames Gebet und Anbetung, Gottesdienste feiern, sich allen Prozessen, inneren und äußeren stellen, Specials auf den Weg bringen, wie den alljährlichen Weihnachtsflohmarkt, der fester Bestandteil der Reha geworden war, füllten das Leben voll aus. Dazu kamen Einladungen in Gemeinden, Kreise, andere Werke, um Zeugnis zu geben und von der Arbeit zu berichten. Als Ausdruck der Einheit mit dem Leib Christi, und um Beziehung zu pflegen, wurden Männer und Frauen Gottes als Sprecher in die Gemeinschaft eingeladen.

Das Werk wuchs, einzelne Arbeitsbereiche, z. B. die Möbelrestauration, entwickelten sich gut; es kamen Mitarbeiter dazu. Walter wurde immer häufiger als Gastsprecher zu verschiedenen Seminaren eingeladen und einige „Ehemalige" gründeten die erste Nachsorge-Wohngemeinschaft. Hier gab es Platz für die, die ihre Therapie beendet hatten und trotzdem weiterhin in Gemeinschaft bleiben wollten.

Manchmal war es gar nicht so einfach, die Vision des gemeinsamen Lebens und der Hingabe an die Verlorenen nicht aus dem Blick zu verlieren. Doch Walter und Irene waren Leiter, die mit viel Sensibilität darauf achteten und es mit großem Geschick verstanden, das Schiff FCJG auf Kurs zu halten:

> Gott geht es um Beziehung. Wir wurden in den letzten Wochen von einer ungesunden Betriebsamkeit überführt. Das Werk wuchs und somit auch die Arbeit. Die einzelnen Arbeitszweige wuchsen und damit der Stress. Wir wurden allesamt Opfer unseres Programms. Zeit für Gott und füreinander nur nach Terminkalender, obwohl wir in einem Haus wohnen.
>
> Mehr und mehr wurde das Nützlich-sein-Wollen für Gott die Grundlage unserer Berufung. Wir erkannten, dass dies etwas ist, was uns all die Jahre zu schaffen machte, und so sind wir gerade dabei, uns ganz neu in die Ruhe Gottes hineinzugeben.
>
> Gott zeigte uns, nachdem wir viel Zeit mit ihm und miteinander verbrachten, dass wir unsere praktischen Arbeitszweige verändern sollen. Wir wollen wieder vermehrt das Angesicht Gottes suchen und wir wollen wieder vermehrt die Gemeinschaft miteinander suchen und dazu brauchen wir Zeit. Wenn wir keine Freundschaft mit Gott und miteinander leben, haben wir auch im Grunde genommen nicht viel zu geben. Ich denke, dies ist eine der radikalsten Kursänderungen, die wir alle sehr benötigen. Wir sind zur Freundschaft mit ihm und unseren Nächsten berufen. Hier wird echte und dauerhafte Frucht entstehen.
>
> *Unser Weg*

Als dieser Artikel in unserem Rundbrief erschien, war es bereits Ende 1982. Tatsächlich hatte sich die Arbeit gefestigt, die Mitarbeiterschaft war zu einer tieferen Einheit zusammengewachsen und jeder Einzelne hatte an Profil gewonnen. Die Gemeinschaft hatte aus der Krise gelernt: Das Ringen um Einheit sollte sie bei allen künftigen Entwicklungen und Wachstumsschüben stets begleiten.

Nun kann man sich denken, dass sie das nicht ganz alleine gemeistert haben. Viele gute Freunde aus dem ganzen Land standen der FCJG mit Gebet und gutem Rat zur Seite. Unter anderem war Keith Warrington von JmeM um Hilfe gebeten worden. Vor Ort wusste man sich getragen von der Kreuzkirchen-Gemeinde mit den Pfarrern Deitenbeck, Ahl, Wojke und Dr. Edel. Ebenso Dirk Lüling, heute verantwortlich für *Team F*. Damals war er noch im Vereinsvorstand der FCJG. Wie wertvoll ist es, solche Freunde und Ratgeber an seiner Seite zu wissen!

Eines Tages trat eine junge, attraktive neue Praktikantin den Dienst im Wiedenhof an: Susanne Kill. Es dauerte gar nicht lange, und sie wurde von Bernd entdeckt. Um eine lange Geschichte kurz zu machen: Aus Susanne Kill wurde Susanne Mette. Im September 1983 wurde die zweite Hochzeit mit einem überglücklichen Paar gefeiert. Die nächste Ulkband wurde ins Leben gerufen: *Tumult*. Das Outfit war genauso schrill und punkig wie die Musik. Beim Auftritt von *Tumult* war niemand mehr zu halten. Das Brautpaar musste den punkig vertonten Schneewalzer tanzen und im Anschluss war fast die gesamte Gesellschaft auf der Tanzfläche. So viel zum Thema „Feiern" im Wiedenhof.

Die Arbeit wurde immer vielschichtiger. Der *Bücherschrank*, der nun *Brockenhaus* hieß, war mittlerweile umgezogen in die Peterstraße, wo wesentlich größere Räumlichkeiten zur Verfügung standen. Die Reha mit im Schnitt zehn bis zwölf Gästen hielt alle gut auf Trab und Einladungen zu Einsätzen und Seminaren häuften sich, sogar bis nach Österreich. Die Nachbetreuung war gut angelaufen. Ein weiteres Ehepaar wurde eingestellt, das dringend in den Arbeitsbereichen gebraucht wurde. Im ehemaligen Tonstudio der Gruppe *Eden* war zudem eine Werkstatt für alle anfallenden Arbeiten und die Möbelaufbereitung eingerichtet worden.

Auch die überkonfessionelle Jugendstunde veränderte ihr Gesicht. Nach den Umbrüchen in der Mitarbeiterschaft Ende 1980 waren zunächst viel weniger Besucher gekommen, und so fand die Jugendstunde erst einmal im Wiedenhof-Wohnzimmer statt. Zum Glück war das eine relativ kurze Phase, bis die Jugendstunde wieder in den Saal umziehen konnte – der übrigens ein ganz eigenes Gepräge hatte. Über mehrere Jahre war die griechisch-orthodoxe Gemeinde von Lüdenscheid darin zu Gast und hatte den Saal entsprechend dekoriert: Eine riesige Ikonenwand schmückte das Kopfende und an den Seitenwänden hingen Bildikonen. So fanden alle Veranstaltungen unter den Augen biblischer Gestalten statt. Das hatte was …

Inzwischen hatte sich die Jugendstunde immer mehr zu einem überkonfessionellen Gottesdienst entwickelt. Die Teilnehmer waren schon länger nicht mehr überwiegend junge Besucher. Es war ein bunt gemischtes Völkchen geworden, jung und alt kam zusammen, und das nicht nur aus Lüdenscheid, sondern aus der ganzen Region. Die zusätzlichen Seminare zu verschiedenen Themen mit Gastsprechern ganz unterschiedlicher Couleur unterstrichen dieses Bild nur. Durch sie wurde immer wieder deutlich, wie vielfältig der weltweite Leib Christi gestaltet ist. Noch etwas geschah:

> Zurückblickend auf das Jahr 1983 entdecken wir einen ganz neuen Wunsch und Drang missionarisch stärker aktiv zu sein. So hat sich ein Gebetskreis mit verschiedenen Aktivitäten entwickelt. Mehr und mehr spüren wir die Not Gottes, dass er uns nicht nur erwählt hat, ein heiliges, reines und befreites Leben zu führen. Er möchte, dass wir an die Hecken und Zäune gehen, um die Wohltaten, die er an uns getan hat, weiterzusagen. Wir erleben, dass Menschen wieder hören wollen, wo es lang geht. Und wenn wir, als Christen, es ihnen nicht sagen, dann kommen andere, falsche Erlöser und führen die Menschen in die Irre. Wenn heute überhaupt jemand etwas zu sagen hat, dann sind wir es, das Volk des lebendigen Gottes. Gott möchte, dass wir in der Heiligung leben und dass wir missionarisch und sozial aktiv sind. Dabei betont er meiner Meinung

> nach gerade heute ganz neu den missionarischen Aspekt. Im ganzen Land kann man kleine missionarische Funken der Liebe Gottes aufleuchten sehen, und ich habe große Zuversicht, dass Gott ein großes missionarisches Feuer in unserem Land und in der ganzen Welt entfachen möchte. Es wird Zeit, dass wir uns unserer Berufung als Volk Gottes ganz neu bewusst werden, um das zu leben, was wir durch Jesus Christus sind.
>
> *Unser Weg*

Der missionarische Gebetskreis, von dem Walter hier schreibt, war von Helmut und Ulrike Diefenbach ins Leben gerufen worden, die im Rahmen ihrer Bibelschulausbildung ein Praktikum in der Reha absolvierten. Sie kamen mitten hinein in die neue Aufbruchstimmung und obwohl es anfänglich gar nicht danach aussah, entpuppten sie sich als die ersehnte Gebetserhörung. Sie waren diejenigen, die es brauchte, um eine stadtmissionarische Arbeit mit heute vielen unterschiedlichen Bereichen auf den Weg zu bringen. Helmut, der Schwabe mit pietistischem/Pfingsthintergrund, der schon recht früh in die Drogenszene abgerutscht war, erkrankte an Hepatitis, und im Krankenhaus erzählte ihm auch ein Pfleger von Jesus. Daraufhin bekehrte sich Helmut und schloss sich einer Baptistengemeinde in Nürnberg an. Da war er zwanzig Jahre alt und lernte in der Gemeinde schon bald seine Zukünftige kennen: Ulrike, aus christlichem Elternhaus, hatte im Teenageralter ihren Glauben sehr in Frage gestellt und war depressiv geworden. Mit siebzehn traf sie eine neue Entscheidung für Jesus, machte ihr Abitur und studierte Sozialpädagogik an einer evangelischen Fachhochschule in Nürnberg.

Die beiden „trauten" sich und beschlossen, zwei Jahre eine Bibelschule zu besuchen. Und von der Bibelschule Wiedenest landeten sie dann direkt im Wiedenhof.

„Christus vor Augen malen", so lautete der Titel eines Artikels, den Helmut und Ulrike zu Beginn ihrer missionarischen Aktivitäten für den Rundbrief *Unser Weg* verfassten:

Im Juli 1983 ist ein missionarischer Gebetskreis als Teil der FCJG entstanden. Gott rückte seit Anfang des Jahres den Missionsauftrag und die Liebe zu den Verlorenen wieder stärker in den Mittelpunkt. Daraufhin entstand unter anderem dieser Kreis. Anfangs waren wir zwei Ehepaare, die für die Stadt Lüdenscheid beteten und sich mit der Frage beschäftigten, wie sie die Stadt missionarisch erreichen könnten. Uns wurde bald deutlich, dass wir für diese Aufgabe mehr missionarisch engagierte Mitarbeiter nötig hätten. Daraufhin wuchs dann der Kreis auf elf Personen an, von denen die Mehrzahl ehemalige Gäste des Wiedenhofs sind. Dies war unsere erste Gebetserhörung. Wir sehen es als unsere Aufgabe an, für die Stadt zu beten. Deshalb war unsere erste Aktion ein Gebetsmarsch durch die Stadt.

Es folgten verschiedene evangelistische Aktivitäten. Es kristallisierten sich zwei Schwerpunkte heraus: größere Aktionen auf der Straße, mit Unterstützung von anderen Gruppen aus Iserlohn, Menden und Dortmund; [und] die so genannte Mitternachtsmission, d. h. wir gehen kontinuierlich in kleinen Teams Samstagnacht in die Stadt, in Kneipen, in Discos etc., um Gespräche zu führen und Kontakte zu knüpfen.

Wir begegnen hierbei vielen Menschen, die zerbrochen sind, und sehr vielen angetrunkenen Jugendlichen. Wir wollen zu den Orten und Menschen gehen, zu denen Jesus auch gegangen ist. Im Winter werden wir Einsätze im Gefängnis, im Nichtsesshaftenheim, im Altenheim und in Kneipen machen, evtl. einen Film zeigen, ein Konzert organisieren etc. Der tragende Kreis für unsere Arbeit ist die überkonfessionelle Jugendstunde des Wiedenhofs. Wir wollen auch Kontakte zu anderen Gruppen in der Stadt und außerhalb Lüdenscheids knüpfen. Immer wieder fragen wir Gott nach seinen Plänen und seinem Willen für diese Stadt. Deshalb bitten wir auch um Gebetsunterstützung, damit wir nicht nur evangelistische Aktivitäten durchführen. Persönlich sind wir – Helmut und Ulrike Diefenbach – seit Anfang Juni als Praktikanten im Wiedenhof. Wir kommen aus Nürnberg und waren zwei Jahre auf der Bibelschule Wiedenest.

Unser Weg

Schon ein gutes halbes Jahr später war die FCJG um ein weiteres Haus „reicher". Das Missionshaus war geboren und es hatte nicht nur eine optimale Lage, nämlich in unmittelbarer Nachbarschaft vom Wiedenhof und der Nachsorge-WG, sondern beherbergte im Erdgeschoss zusätzlich ein Ladenlokal, das später zu einem Tages-Café umgebaut werden sollte. Im Februar 1984 zogen die ersten Bewohner in die neu gegründete stadtmissionarische Wohngemeinschaft ein: Helmut und Ulrike und fünf weitere Mitarbeiter. Sie hatten das Ziel, als Lebensgemeinschaft im Missionsauftrag zu leben und Jesus Christus in der Stadt bekannt zu machen. Das Missionshaus bot Platz genug, um auch Hilfsbedürftige aufnehmen zu können, und war gleichzeitig als eine Art Auffangstation für Abhängige gedacht, die dann in den Wiedenhof oder eine andere Therapie weitervermittelt werden würden.

Zum Missionskreis kamen immer mehr Leute, die sich dem missionarischen Aufbruch anschließen wollten. Gelegenheit dazu bot sich mehr als genug in den vielen unterschiedlichen Aktivitäten, die aus dem Missionskreis hervorgingen. Da gab es die Mitternachtsmission, kurz *MiMi* genannt, die Gefängnisarbeit mit regelmäßigen Besuchen und Bibelstunden im Knast, die Besuche im Asylanten- und im Altenheim, ein Team für den Kinderdienst genauso wie einen Glaubenskurs. Dieser war nach einem Osterseminar für Stadtevangelisation ins Leben gerufen und speziell für die eingerichtet worden, die sich durch evangelistische Einsätze für Jesus entschieden hatten. Hier wurden die Neubekehrten mit den Grundlagen des christlichen Glaubens vertraut gemacht. Des Weiteren startete die „Tür zu Tür"-Mission, das waren Teams, die von Haustür zu Haustür gingen und mit vielen Menschen ins

Gespräch über den Glauben kamen. Auch das geplante *Café 34* (nach der Adresse „Bahnhofstraße 34"), nahm allmählich Form an und die Renovierungsarbeiten gingen stetig voran. Fast wie über Nacht wurde aus Missionshaus und Missionskreis, der so genannten stadtmissionarischen Arbeit, neben der Reha im Wiedenhof und dem überkonfessionellen Gottesdienst ein weiteres Standbein der FCJG. „Nehmt das neue Land ein!" – das war Gottes Antwort auf viele Gebete, und auch etliche Freunde hatten dazu ermutigt. Die Phase, in der sehr stark am inneren Haus (an den Beziehungen und der Stabilisierung der Arbeit) gebaut worden war, ging in einen neuen Abschnitt über. Weites Land tat sich auf: Die frohe Botschaft Gottes sollte an die Hecken und Zäune der Stadt Lüdenscheids, Deutschlands und ins Ausland gehen – „ ... *nicht schweigen von dem, was wir gesehen und gehört haben"* (Apg. 4,20).

Vorwärts und immer weiter

Durch den missionarischen Aufbruch tat sich tatsächlich vieles auf. Die ganze Gemeinschaft erlebte ein *missionarisches Erwachen*. Was bis dato recht überschaubar war – die Reha mit ihren Arbeitsbereichen und der angegliederten Nachsorge samt Gottesdienst –, veränderte sich im Handumdrehen. Die FCJG wurde wie ein Bienenstock, in dem es nur so summte und brummte. Für manchen eingefleischten Wiedenhöfler hieß das, raus aus der Beschaulichkeit des erprobten Miteinanders und rein ins kalte Wasser des Neustarts.

Seit über fünf Jahren bewegt uns die immer wiederkehrende, notvolle Frage verschiedener Kirchen, Gemeinden und Werke nach vollzeitlichen Mitarbeitern für das Reich Gottes. Sehr vielen Nöten in dieser Welt können wir nicht begegnen, da es vor allem an guten Mitarbeitern fehlt. Wir haben diese Frage im Gebet vor Gott bewegt, und vor drei Jahren bekamen wir das Wort aus Jesaja „Mache den Raum deines Zeltes weit und breite aus die Decken der Wohnstatt; spare nicht! Spann deine Seile lang und stecke deine Pflöcke fest! Denn du wirst dich ausbreiten zur Rechten und zur Linken, und deine Nachkommen werden Völker beerben und verwüstete Städte neu bewohnen. Fürchte dich nicht, denn du sollst nicht zuschanden werden …" (Jes. 54,2-4a). Aufgrund dieser Verheißung begannen wir nach viel Gebet und Fasten im Februar unsere erste überkonfessionelle Mitarbeiterschule am Stadtrand von Lüdenscheid.

Unser Weg

Martin und Gila Rohsmann waren zwei, die den Sprung wagten. Sie übernahmen die Verantwortung für diese Schule. Endlich hatte sich ein lang ersehnter Traum erfüllt. Nun hieß es durchstarten: Mitarbeiter für den vollzeitlichen Dienst gewinnen; Einzelne, in Absprache mit ihren Kirchen und Gemeinden, aus ihren bisherigen Lebensstrukturen herausrufen und zurüsten für ihre persönliche Berufung im Reich Gottes. Am Ende eines Schuljahres wurden einzelne Teilnehmer oder Teams in Pioniergebiete oder bestehende Arbeiten im Reich Gottes ausgesandt. Es hatte sich alles großartig zusammengefügt. Für diese erste Schule stellte ein befreundetes Pfarrerehepaar ihr „Haus der Stille" mietfrei und voll eingerichtet für ein Jahr zur Verfügung. Auch hatten sich bereits acht Schüler angemeldet, sogar eine Österreicherin war dabei. Trotzdem blieb die Gründung der Mitarbeiterschule ein Schritt aufs Wasser.

Fast parallel zur neu entstandenen Mitarbeiterschule wurde eine neunmonatige Jüngerschaftsschule auf den Weg gebracht. Die war gedacht für alle Christen, egal aus welchem Hintergrund. So waren Berufstätige, Hausfrauen, Studenten, Schüler dabei, und man traf sich einmal die Woche abends im Wiedenhofsaal. Da gab es dann Gemeinschaft, Lehre, Anbetung, Gebet usw., außerdem drei gemeinsame Wochenenden und einen mindestens einwöchigen Missionseinsatz im In- oder Ausland. Der Gottesdienst am Samstagabend war Auslöser für diese Jüngerschaftsschule, den etliche der ca. 50 Teilnehmer regelmäßig besuchten.

Gut: Nun gab es eine neu entstandene Mitarbeiterschule für Weltevangelisation und eine Jüngerschaftsschule, die stadtmissionarische Arbeit mit Missionshaus und Missionskreis, die Reha-Arbeit mit Beschäftigungsmaßnahmen und angegliederter Nachsorge-WG und den überkonfessionellen Gottesdienst. Das wäre ja fürs Erste eigentlich genug Herausforderung gewesen. Doch Gott hatte noch ein bisschen mehr in petto. Glücklicherweise liefert er nicht nur die

Ideen, sondern auch die passenden Leute mit, die die Ideen umsetzen wollten. Birgit war zum Beispiel so jemand. Die richtige Person, im richtigen Moment, am richtigen Platz:

> Mein Name ist Birgit Otto, ich bin 24 Jahre alt und vor einem Jahr von Iserlohn nach Lüdenscheid gezogen. Zurzeit mache ich mein Anerkennungsjahr als Sozialarbeiterin. Vor fünf Jahren habe ich mich neu für Jesus entschieden, nachdem ich völlig an der humanistischen Ideologie gescheitert war. Ich erkannte so radikal meine Grenzen und Unfähigkeiten Liebe zu leben, weil mich mein Hass, meine Ablehnung und Antipathie immer wieder einholten. Zu diesem Zeitpunkt lernte ich Christen kennen, deren Miteinander mich total aus der Fassung brachte, weil sie das lebten, woran ich mich so zerrieben hatte. Ich wollte einfach bedingungslos lieben und geliebt werden und gab Gott mein Leben und das Recht, mein Leben zu regieren.
>
> Das Anliegen, Kinder im christlichen Glauben auszubilden, entstand für mich während eines Gebetsmarsches durch Lüdenscheid. Gott zeigte uns, dass es hier so unendlich viele elternlose Kinder gibt, die zwar in ihrer Familie leben, die aber eigentlich keine Eltern, sondern nur Erzeuger haben. Gottes Antwort darauf war, dass er durch Kinder, die seine Vaterschaft erleben und von ihm ergriffen sind, Familien wiederherstellen will. Im Juni 1984 formte sich ein Kinderteam von fünf Mitarbeitern und da sich das erste halbe Jahr keine Tür öffnete, die Arbeit praktisch zu beginnen, beteten wir für die Kinder unserer Stadt.
>
> Diese Zeit war für jeden von uns wichtig, Gott heilte an vielen Punkten meine Persönlichkeit. Und wir lernten es ein Stück weit, uns wirklich mit der Sache Gottes zu identifizieren. Im November ging es dann auf einmal sehr schnell. Wir bekamen ein Zentrum mit einer Gesamtfläche von 280 qm zu einem günstigen Mietpreis. Zwischen Weihnachten und Neujahr hatten wir Großkampftage, und

> inzwischen sind wir fast fertig mit Renovieren. Im Moment arbeiten wir an einem Puppenstück, mit dem wir Einsätze im Einkaufszentrum von Lüdenscheid machen wollen.
> Unser Ziel ist es, vor allem auch die Teenies zu erreichen, die nirgendwo integriert sind. Zwei Bereiche, die Gott für das Teenager-Zentrum betont hat, sind: Begegnung und Kreativität. Deshalb treffen wir uns jeden Montag ab 15 Uhr in unserem Zentrum in der Peterstraße 9.
>
> *Unser Weg*

Dem aufmerksamen Leser wird nicht entgangen sein, dass das neu entstandene Teenager-Zentrum die gleiche Adresse hatte wie das Brockenhaus. Und tatsächlich waren beide im gleichen Gebäudekomplex untergebracht. Erst ein paar Jahre später sollte sich das ändern.

In der Reha brauchte es Ersatz für Martin und Gila, die nicht nur ihren Arbeitsbereich hinterließen, sondern die auch und besonders im Bereich Gästebegleitung, in der Seelsorge und im Mitarbeiterteam selbst fehlten. Es war schon klar, dass Martin und Gila nicht mal eben ausgetauscht werden konnten. – Auch ihre Nachfolger waren selbst einmal Gäste im Wiedenhof gewesen. Als sie damals zur Therapie kamen, war es für sie die letzte Chance gewesen, von schwerer Heroinabhängigkeit loszukommen. Beide hatten mehrere Selbstmordversuche hinter sich, Kriminalität, Psychiatrie, all das. Jetzt standen sie mit beiden Beinen im Leben, waren mittlerweile Familie geworden und hatten drei süße Töchter. Ein neuer Lebensabschnitt als Mitarbeiter in der Reha begann. Nach und nach übernahmen sie die Betreuung einzelner Gäste und auch die Verantwortung für Martins „alten" Arbeitsbereich: das Brockenhaus und die Holzwerkstatt, und zwar zusammen mit – Michael Willfort:

Noch jemand, der den Weg nach Lüdenscheid in den Wiedenhof gefunden hatte. Michael, ein Österreicher, der in Peru aufgewachsen war. Er kam über die Jüngerschaftsschule von JmeM Hurlach ins Haus und arbeitete zunächst nur im praktischen Bereich mit. An

Martins Seite bewies er in der Holzwerkstatt seine große Geschicklichkeit und Kreativität. Michael war *very special*: Volle Haare, voller Bart, man musste schon genau hinschauen, um überhaupt etwas von ihm erkennen zu können, etwas eigenwillige Klamotten (wirkten irgendwie selbstgenäht), was denn auch den einen oder andern schon mal zu einem Witzchen hinriss. Es dauerte nicht lange, bis er das regelrecht leid war und sich dafür revanchierte:

„Hey Leute, mein Bruder Florian kommt am Wochenende zu Besuch. Kann ich den zum Fernsehgucken am Sonntagabend mitbringen?" Die Frage galt dem Sonntagsdienst, und der hatte nichts dagegen, warum auch.

„Na, Michael, wann kommt dein Bruder denn an?"

„Der wird sich schon melden, und dann hol ich ihn vom Bahnhof ab." (Der Bahnhof ist um die Ecke.) Irgendwann klingelte das Telefon. Missionshäusler am Apparat:

„Der Bruder von Michael ist gerade bei uns angekommen. Könnt ihr ihm eben Bescheid geben?"

Michael wurde informiert und schob ab. Es fiel gar nicht weiter auf, dass er so lange, eigentlich Stunden, brauchte, um zurückzukommen. Kurz vor Filmstart im gemeinsamen Fernsehraum, alle saßen schon da in Erwartung eines netten Abends, ging die Tür auf.

„Hallo, ich bin Florian. Michael hat mich schon vorgeschickt."

Verdutzte neugierige Blicke, aber natürlich war jeder ganz höflich und schüttelte ihm freundlich die Hand. Michael tauchte nicht auf – komisch –, und der Sonntagabendfilm begann. Wie so oft, kam wieder mal einer der Gäste auf den allerletzten Drücker und schmiss sich mit den Worten: „Hi, Michael, du auch hier?!", in den Sessel. Sprach's – und die ganze Meute war am Film plötzlich gar nicht mehr interessiert. Florian konnte sich vor Lachen kaum noch halten. *Florian?* Von wegen, Michael hatte alle reingelegt, er hatte einfach Haare und Bart abgeschnitten, und fertig war das neue Gesicht. Gute Inszenierung! Der Abend war gelaufen und alle hatten eine Mordsgaudi.

Michael wurde für viele Jahre verantwortlicher Mitarbeiter in der Reha und baute mit Kreativität und Geschick die Möbelwerkstatt aus, in der heute nicht nur Möbel restauriert, sondern ausgefallene Einzelstücke selbst gebaut und verkauft werden. Seit einigen Jahren ist er verantwortlich für *Worship Art* (Kunst aus Anbetung), einem Arbeitszweig der FCJG. Michael malt in den Gottesdiensten während der Anbetungszeiten die Dinge, die ihm wichtig werden.

Auch Christiane Müller wurde Teil der Wiedenhof-Mitarbeiterschaft. Ziemlich frisch bekehrt, landete sie nach erfolgreicher Beendigung ihres Psychologie-Studiums als Praktikantin in der FCJG. Schon vor ihrem Studium hatte sie davon geträumt, eines Tages mit Drogenabhängigen zu arbeiten. Jetzt hatte sie reichlich Gelegenheit dazu. Christiane sorgte dafür, dass hin und wieder das Gemüse nicht gut bürgerlich, sondern asiatisch vegetarisch serviert wurde. Sie war jemand, der sich ohne Wenn und Aber den persönlichen Prozessen stellte, die nun mal zum Leben in einer Gemeinschaft dazugehören. Einer ihrer markanten Sätze war: „Entweder ich trage meinen Stolz zu Grabe – oder mein Stolz bringt mich ins Grab!" Nach mehreren Jahren im Wiedenhof wechselte Christiane den Arbeitsbereich und übernahm das neu entstandene Hauptbüro der FCJG, wo sie sich unter anderem um die Auslandskorrespondenz kümmerte – bis sie ihrem Ruf in die Weltmission folgte, wo sie bis heute ihren Platz ausfüllt.

Inzwischen fehlte in der Nachsorge-Wohngemeinschaft ein Leiter, und Christian Janke, selbst ehemaliger Reha-Gast, übernahm die Herausforderung.

> Schon als Teenager fragte ich mich nach dem Sinn des Lebens: Wenn Gesundheit der Sinn des Lebens ist, was ist dann mit denen, die im Rollstuhl sitzen? Oder: Ist es Reichtum? Was ist dann mit den Armen? Leider fand ich darauf keine Antworten. Und da ich mit Gott nichts am Hut hatte, hätte ich eine Antwort am allerwenigsten bei

ihm gesucht. Mit 15 Jahren fing ich an zu trinken und nahm Drogen – erst LSD, später Heroin. Ich war auf der Suche, hatte Fragen, brauchte etwas, das mich ausfüllte. Doch die Drogen zerstörten alles: meine Beziehung zu meinen Eltern, Freundschaften, den Ausbildungsplatz. Ich war fertig und sah nur noch einen Ausweg: Selbstmord. Ich wachte im Krankenhaus auf – an Händen und Beinen angeschnallt. Es hatte nicht geklappt. Wochenlang saß ich melancholisch auf meinem Bett und wusste nicht, wie es weitergehen sollte. Durch Zufall fiel mir das Buch Das Kreuz und die Messerhelden von David Wilkerson in die Hände und zum ersten Mal las ich von Jesus als dem Retter aus allen Nöten. Ein Hoffnungsschimmer – ich wagte es und sprach mit Jesus, nannte meine Sünden beim Namen und bat ihn um Vergebung. Nach dieser tiefen emotionalen Erfahrung wusste ich, dass ich zu Hause angekommen war und den Sinn des Lebens gefunden hatte! Leider lief es nicht so, wie ich es mir gewünscht hatte. Ich machte zwar eine christliche Therapie, wurde aber wieder rückfällig ... und obendrein religiös. Mein Kopf war voller Theorien und Erkenntnisse, aber das war alles meilenweit von meinem Leben entfernt.

1980 hörte ich vom Haus Wiedenhof und hier bekam ich eine neue Chance. Ich konnte eine Therapie machen, erlebte Annahme und Freundschaft von den Mitarbeitern und vor allem Gottes befreiendes Handeln in meinem Leben. Nach der Therapie machte ich eine Ausbildung zum Verkäufer bei einem christlichen Geschäftsmann und zog in die Nachsorge in der Lessingstraße ein.

Unser Weg

Es war viel passiert. Das Leben in der FCJG hatte sich verändert, seitdem neue Dienste entstanden waren. Das gemeinsame Leben, das Miteinander, fand nicht mehr nur im Wiedenhof statt:

> Mit großer Dankbarkeit können wir zurückschauen. Wir konnten sehr vielen Menschen in unserer Stadt, unserem Land und sogar darüber hinaus missionarisch, seelsorgerlich und ganz praktisch dienen. Wir erlebten in den Diensten und auch in Nöten und Krisen die Gegenwart Gottes, seine Vergebung und seine Heilung. Nach vielen missionarischen Aktivitäten, der intensiven Rehabilitationsarbeit im Wiedenhof und dem Aufbau der Jüngerschafts- und Mitarbeiterschule erleben wir jetzt eine erneute Vertiefung unserer Beziehung zu Jesus. Dies wirkt sich natürlich auf unsere gesamte Gemeinschaft aus. Immer wieder bekamen wir das Wort, dass wir zurück sollten zur Quelle des Lebens, zurück zur ersten Liebe. Daher wird in der vor uns liegenden Zeit der Schwerpunkt unserer Gemeinschaft nicht so sehr der Dienst nach außen sein, sondern mehr auf der Vertiefung gemeinsamer Beziehungen liegen. Jesus möchte dem Einzelnen und auch der ganzen Gemeinschaft real dienen. Es geht dabei um die Frische und Lebendigkeit in der Beziehung zu ihm, um lebendige und ehrliche Beziehungen untereinander und um den freudigen Dienst im Reich Gottes.
>
> *Unser Weg*

Walter hatte für den Freundesbrief in Worte gefasst, was alle im Blick auf die Gemeinschaft bewegte. Wie er, wusste oder ahnte jeder, dass eine Vertiefung der Beziehungen untereinander unbedingt nötig war. Denn langsam, aber sicher wandelte sich ein Jahre altes Gemeinschaftsgefüge. Der Wiedenhof, das Mutterhaus, war nicht länger Dreh- und Angelpunkt der FCJG.

HEISSE TAGE

*Gott lässt es oft zu, dass sein Volk wie auf den Planken
eines gestrandeten Schiffes das rettende Ufer erreicht.
Er beraubt uns der Zisternen, um uns zu veranlassen
Quellwasser zu trinken.
Er nimmt oft unsere Stützen hinweg, nicht dass wir zu Fall
kommen sollen, sondern damit er Stecken und Stab werde.
Die Verlegenheiten seines Volkes sind nur die herrlichen
Gelegenheiten, bei welchen seine Macht, seine Treue
und seine Gnade ihre Triumphe feiern.*

(A. F. Krummacher)

Manchmal bleibt man an einer Bibelstelle kleben, weil sie genau ins Schwarze trifft, und manchmal ist es auch „nur" eine Liedzeile oder ein Text, wie der obige, der es auf den Punkt bringt. Nach zehn Jahren FCJG konnte man sagen: „Ja, genauso ist es!" Höhen und Tiefen, Erfolge und Versagen, Fallen und Aufstehen lagen hinter der Gemeinschaft und würden auch in der Zukunft ihre Begleiter sein. Zu ändern ist das leider nicht, denn wo Menschen sind, da menschelt es. Wichtig war nur, die Verpflichtung an Gott, aneinander und an eine bedürftige Welt zu leben und dabei stets aus dem Hören auf Gott zu handeln. In dem allen erwies sich Gott als der treue, liebende Vater, der auf die Seinen achtet, sie nie verlässt und sie immer versorgt. Nur so war es möglich, das weiterzuführen, was mit Gottes Hilfe angefangen hatte. Die rasante Weiterentwicklung der Gemeinschaft forderte sie enorm heraus und brachte sie immer wieder an ihre Grenzen.

Das zweite Jahr der neu gegründeten Mitarbeiterschule stand an. Von den ursprünglich acht Teilnehmern waren sieben übrig geblieben, die allesamt in das neu beginnende Schuljahr mit einstiegen. Sie waren sozusagen die „Erstlingsfrucht" und bildeten jetzt das Mitarbeiterteam.

Es war ja von Anfang an klar, dass innerhalb des ersten Jahres ein geeignetes Gebäude für den Schulungsbereich gefunden werden musste. Nach viel Gebet, Gebetsunterstützung und der Beratung durch Freunde und geistliche Leiter in Deutschland konnte die FCJG am 14. März 1986 ein geeignetes Objekt erwerben: die schon erwähnte „Wislade", seinerzeit Auslöser der dicken Krise. Nur dass die Mitarbeiter heute etwas reifer und um etliche Glaubenserfahrungen reicher waren und nun geschlossen hinter dem Kauf der Wislade stehen konnten. Die Wislade war eine ehemalige Jugend- und Erwachsenenbildungsstätte mit einem Haupt-, drei Neben- und einem Schulungsgebäude mit zwei großen Klassenzimmern. Dazu gehörten noch ein Fußballplatz und ein sehr schönes Waldgebiet. Das ganze Gelände umfasste 60.000 qm. Der Kaufpreis hatte sich um mehr als die Hälfte zum ursprünglichen Preis verringert, war aber immer noch hoch genug, die Gemeinschaft auf die Knie zu zwingen. Sie stellte dieses neue Projekt der Öffentlichkeit vor und bat um Unterstützung:

> Nachdem wir über Wochen und Monate von allen Seiten ermutigende Bestätigung erhalten haben, diesen Auftrag und das Projekt anzugehen, ist es nun keine vorschnelle, unüberlegte Entscheidung gewesen, den Schritt in diese Richtung zu wagen. Finanziell werden wir von keiner großen Organisation oder Institution unterstützt. Wir sind und bleiben nach wie vor ein freies Werk, wissen uns aber durch den Leib Christi in all den Jahren getragen. Dies macht uns großen Mut, Sie auch jetzt um Ihre Hilfe zu bitten, damit junge und ältere Menschen in diesem neuen Projekt durch das gemeinsame Leben, das Wort Gottes und ganz praktische Herausforderungen in den verschiedenen Diensten des Reiches Gottes zugerüstet werden können.

Zusätzlich wollen wir das Projekt „Wislade" für Kurzseminare, Freizeiten und als Einsatzzentrum für evangelistische Veranstaltungen anbieten.

Unser Weg

Mitte April startete das zweite Schuljahr – auf der Wislade. 23 Schüler hatten sich angemeldet, darunter zwei Familien mit je zwei Kindern. Eine „Ehemalige", die nach erfolgreich beendeter Therapie im Wiedenhof in der Gemeinschaft bleiben wollte, stieg ins Team ein, um sich der Kinderbetreuung zu widmen. Da waren nun insgesamt 34 Erwachsene, fünf alte Gebäude, die dringend renoviert werden mussten, ein riesiges, größtenteils sehr ungepflegtes Grundstück. Dazu der Schulalltag, der allein schon wegen der Menge der Leute anders geregelt werden musste. Wie gut, dass dem, der glaubt, nichts unmöglich ist, auch wenn es mit einer Menge Arbeit verbunden ist. Doch ... lassen wir Martin und Gila selber erzählen:

> Halbzeit in der Mitarbeiterschule. Seit knapp sechs Monaten läuft jetzt unser zweites Schuljahr. Die „Wislade" haben wir fest eingenommen, sie ist wirklich ein ideales Schulungszentrum für uns. Die ersten drei Monate waren geprägt durch viel Lehre (Gastlehrer waren unter andrem Mike Chance, Wolfenbüttel; Dr. R. F. Edel, Lüdenscheid; Tom Hines, Philippinen; David Pierce, Amsterdam; Dr. Joy, Malaysia, und natürlich Walter Heidenreich), praktisches Arbeiten, besonders Renovierungsarbeiten, und die Mitarbeit in den vielfältigen missionarischen Diensten der FCJG in unserer Stadt. Den Sommer über waren wir dann unterwegs in den verschiedenen Einsätzen, angefangen von Frankfurt über Dortmund bis nach Bilbao in Spanien. Jetzt ist es an der Zeit, Bilanz zu ziehen für jeden persönlich und auch als Schule. Eine Phase der Neuorientierung beginnt. Es müssen die Eindrücke und Erfahrungen, die wir gesammelt haben, sortiert werden. Zurüstung durch das gemeinsame Leben und der damit verbundenen prak-

tischen Arbeit, Lehre und Unterweisung durch Gottes Wort, Bibelstudien und die Ausarbeitung von Bibeltexten. Durch die Einsatzzeiten haben wir einen Einblick in viele Nöte und Probleme bekommen, manches Mal ganz hautnah. So gut es uns möglich ist, möchten wir darauf mit der Hingabe unseres Lebens antworten.

Auch für uns als Leiterehepaar mit unseren drei Kindern und den verantwortlichen Mitarbeitern ist die Schule sowie das Projekt Wislade eine große Herausforderung, in der wir wirklich ganz auf die Hilfe unseres Herrn angewiesen sind, aber wir dürfen darin wachsen und freuen uns über die großartigen Dinge, die Gott tut.

Unser Weg

„Zehn Jahre FCJG" – das musste natürlich gefeiert werden. Bei der Gelegenheit konnte gleich die Wislade eingeweiht werden. Ein ganzes Wochenende mit dem „Fest der Dankbarkeit" im Wiedenhof und dem „Festival" auf der Wislade, mit jeder Menge Musik, Kreativität, Zeugnissen, Gemeinschaft und mit Gottesdienst zog etwa eintausend Freunde und Bekannte an. Das erste Jubiläum brachte alle, die dabei waren, zum Jubeln über Gottes große Taten, die an diesen zwei „Feiertagen" durch die vielen unterschiedlichen Darbietungen sichtbar wurden.

Klar, dass die Vorbereitungen eine Menge Schweiß kosteten und einmal mehr den Glauben der Gemeinschaft herausforderten. Das fing schon beim Wetter an. Lüdenscheid liegt im Sauerland, und „Sauerland ist Schauerland". Auch wenn das Jubiläum Ende Juni stattfand, hieß das noch lange nicht, dass das Wetter mitspielen würde. Dummerweise waren beide Tage unter freiem Himmel geplant. Am Samstag sollte es ein Hoffest am Wiedenhof sein, am Sonntag *Open Air* auf dem Wislade-Sportplatz. Und je näher der Termin rückte, desto dunklere Regenwolken brauten sich am Himmel zusammen, und wenn das losgehen würde, dann gute Nacht. Als echte Glaubenshelden beteten alle Sturm und hofften weiter auf Sonne und gute Wetterprognosen. Lüdenscheid zog den Regen aber auch an wie das Licht die Motten, und immer dann, wenn man ihn am wenigsten gebrauchen konnte! Nur noch wenige Tage, ab und an mal ein Sonnenstrahl und dann … hatte Helmut eine Idee:

„Leute, wir überdachen den Hof! Wir können nicht das Risiko eingehen, dass alles ins Wasser fällt. Nein, das geht nicht!"

„Heeeelmut! Schön auf dem Teppich bleiben. Hof überdachen? Sollen wir dem lieben Gott etwa ein Schnippchen schlagen?"

In einer Blitzaktion, denn die Zeit rannte förmlich weg, wurden Pfosten eingerammt, Seile und riesige Zeltplanen gespannt, und am Samstagmorgen war der Innenhof überdacht. Helmut hatte nicht nur ein besonderes Organisationstalent, sondern auch den Biss dranzubleiben: Geht's nicht durch die Tür, dann geht's eben durchs Dach! Mann, o Mann, war das eine Aktion! Übrigens regnete es weder am Samstag noch am Sonntag, aber das Zeltdach schützte alle Festgäste super vor der Sonne.

Und ab und an gab's auch schon mal ein kleines Schmankerl von Gott. Die griechisch-orthodoxe Gemeinde von Lüdenscheid, die ja noch im Wiedenhofsaal untergebracht war, lud die Mitarbeiter zu einem kostenlosen Griechenlandurlaub ein. Das war doch ein Geschenk Gottes, oder? So düsten dann drei Familien und drei Singlemitarbeiter ab in Richtung Peloponnes: Untergebracht waren sie in einer Schule für Ikonenmalerei und orthodoxe Gesänge, inklusive Verpflegung und garantiertem Sonnenschein. Es war herrlich.

90 heiße Tage in Lüdenscheid: Du bist herzlich eingeladen, wenn du Interesse hast, in einer bestehenden missionarischen Arbeit mitzumachen; wenn du dich herausfordern lassen möchtest, Zeugnis zu sein und dich von Jesus gebrauchen zu lassen; wenn du neue Erfahrungen mit Gott machen möchtest; wenn du mehr von Gottes Gedanken über Städte erfahren willst und lernen möchtest, wie wir eine Stadt mit dem Evangelium erreichen; wenn du dir wenigstens eine Woche Zeit nimmst.

Unser Weg

Die Reaktionen auf das Angebot, sich bei den ersten *90 heißen Tagen* einzuklinken, waren überwältigend. Rund 700 Christen aus dem In- und Ausland kamen nach Lüdenscheid, um gemeinsam mit der FCJG-Belegschaft das Evangelium in Wort und Tat zu verbreiten. Buchstäblich die ganze Stadt sprach über Jesus, und viele Menschen erlebten eine erste oder neue Hinwendung zu Jesus Christus. Die stadtmissionarische Arbeit leistete hier Unglaubliches, angefangen von der Organisation und Planung bis hin zur Durchführung unterschiedlichster Einsätze, und das über einen Zeitraum von drei Monaten. Wie gut, dass die anderen Dienstbereiche, wie immer es ihnen möglich war, die Stadtmissionare tatkräftig unterstützten – auch das ein Ausfluss des gemeinsamen Lebens.

Insgesamt veranstaltete die FCJG die *90 heißen Tage* drei Jahre lang, immer in den Sommermonaten. Es gab in den drei Jahren etliche außergewöhnliche Aktionen wie zum Beispiel diese: „Wir suchen die Beamten dieser Stadt!" Teilnehmer der *90 heißen Tage* wappneten sich mit einer Rose und einem persönlichen Brief, um so etwa den Polizisten Anerkennung und Wertschätzung für ihren oftmals schweren Dienst auszudrücken. Oder es wurde mehrere Tage eine Kirchengemeinde ganz praktisch unterstützt, indem Teilnehmer sich mit viel Phantasie und Kreativität der Kinder annahmen. Anya war selbst bei den *Heißen Tagen* dabei:

> 1988 lebte ich schon einige Jahre in Nashville, Tennessee (USA), studierte an der Universität dort und war zwei Jahre zuvor Christ geworden. „Wenn du wissen willst, was Gott in Deutschland tut", sagte mir Becky Volz aus meiner Gemeinde eines Tages, „dann musst du zur FCJG nach Lüdenscheid gehen – die stellen ihre ganze Stadt auf den Kopf für Jesus!" Becky und ihr Mann, der christliche Rockmusiker Greg Volz, waren zwei der ersten Christen, die ich in Nashville nach meiner Bekehrung kennen gelernt hatte, und als Becky von meinem geplanten Deutschlandbesuch hörte, drückte sie mir eine Broschüre in die Hand – ein Anmeldeformular für die *90 heißen Tage!*

Fünf Wochen später kam ich auf der Wislade an, unsicher, was ich von meiner Zeit dort erwarten könnte ... In der Broschüre hatte gestanden, Lehre, Gebet, Evangelisation.

Eines Morgens fuhren wir zu unserem ersten „Einsatz" in uralten – aber wirklich uralten! – Transportern in einer abenteuerlichen Talfahrt von der Wislade zum Marktplatz nach Lüdenscheid. Eine tolle Lehre vom Morgen sollte in die Tat umgesetzt werden: Wir wollten inmitten der Menschenmenge ein kleines Theaterstück aufführen, dem eine Predigt folgen sollte. Da stand ich nun und sollte als gackerndes Huhn durch die Menge hüpfen und die Aufmerksamkeit auf uns richten ... doch ich war wie gelähmt und brachte keinen Ton raus!

Ich kam mir plötzlich so idiotisch vor und fragte mich, wie ich nur in diese Situation gekommen war, mich vor allen Leuten so bloßzustellen. Mein Stolz wuchs immer mehr, ich wurde immer unbeweglicher, und mein Team stand daneben und betete fieberhaft für meine Befreiung!

Es waren die längsten zehn Minuten meines Lebens. Doch dann erinnerte ich mich an Christiane Müllers Worte, damals noch Sekretärin im FCJG Hauptbüro: „Wenn dir klar wird, dass diese Menschen, die hier an dir vorbeieilen, vielleicht noch nie von Jesus gehört haben und völlig verloren sind, dann kannst du gar nicht anders als dich freiwillig zum Kasper machen."

Gesagt, getan, ich hüpfte herum und gackerte wie ein wild gewordenes Huhn. Die Menschenmenge sammelte sich, und nach unserem kurzen Theaterstück erzählte mein Teamkollege von der Liebe Gottes, worauf viele Menschen für sich beten ließen. Es war ein tolles Erlebnis, und ich war zum ersten Mal vor die Entscheidung gestellt worden, meinen Stolz zu wahren oder Jesus in Demut zu dienen. *Wow!*

A. K.

Anya war eine von weit mehr als tausend Teilnehmern aus dem In- und Ausland in den drei Jahren der *90 heißen Tage*. Viele von ihnen brachten zum Ausdruck, dass die Atmosphäre von Liebe und Annahme und die tiefe Hingabe der Mitarbeiter sie am meisten beeindruckt hatte. Bis zum heutigen Tag trifft man immer wieder Menschen, die ganz begeistert erzählen, dass sie damals eine Woche oder auch länger dabei waren, und wie das ihr Leben beeinflusst hat. Gott hatte seinen Segen nicht zurückgehalten.

„Gemütliches Café eröffnet" titelte eine Lüdenscheider Tageszeitung. Nach ziemlich langer Umbau- und Renovierungsphase war es endlich geschafft. Eine Alternative sollte das Café sein, alkoholfrei, Treffpunkt für Schüler und Senioren und alle dazwischen und natürlich auch für die eigenen Leute, zum Beispiel samstags nach dem Gottesdienst. Es gab ein super Angebot, vom reichhaltigen Frühstück über Würstchentoast (echt lecker) bis zum Eisbecher „Michael", Vanille mit Maracujasaft, und, und. Noch einmal probierte die Gemeinschaft also einen Vorstoß ins Geschäftsleben. An Einfallsreichtum mangelte es nicht! Mittlerweile war die FCJG ja auch um etliche Vollzeitler größer geworden, außerdem gab es eine ganze Menge Ehrenamtlicher. Von daher konnte das Café in den festgelegten Öffnungszeiten, Montag, Mittwoch, Freitag und Samstag, gut besetzt werden. Bernd Hartmannsberger, ein ehemaliger JmeMer, der in Lüdenscheid geblieben war, leitete das Ganze mit Begeisterung und Elan. Es machte sich auch richtig gut, dort im Erdgeschoss, direkt neben dem Eingang zum Missionshaus. Und wenn man tatsächlich nach dem Samstagabendgottesdienst noch mal kurz vorbeischaute, traf man Hinz und Kunz und kam mitunter gar nicht mehr weg. Außerdem war es noch eine gute Gelegenheit, sich immer wieder mal mit Leuten zu treffen, die in keinen Gottesdienst gekommen wären. Kurzum, das Café passte zur FCJG wie die Faust aufs Auge. ... Einige Jahre wurde das Café auf diese Weise genutzt; heute ist es unter dem Dach der Stadtmission Anlaufstelle für Obdachlose. Hingegebene Mitarbeiter kümmern sich um ganz praktische Belange wie Essen, Hygiene, medizinische Grundversorgung, Behördengänge. Außerdem werden Andachten, Gespräche und Seelsorge angeboten. Dieser weithin anerkannte

Dienst an Obdachlosen besteht nun bereits seit mehreren Jahren und hat etlichen geholfen, in ein geregeltes Leben zurückzufinden.

Im Teenager-Zentrum war man auch schon eine ganze Ecke weitergekommen. Verschiedene Gruppen hatten sich entwickelt: Eine Jüngerschaftsgruppe war entstanden, es trafen sich Kinder aus einem sozialen Brennpunkt, Asylantenkinder aus dem Libanon kamen, und unter der Woche fand Hausaufgaben-Betreuung statt. Außerdem gab's zweimal im Monat das Teenie-Frühstück. Obendrein waren die Mitarbeiter mit Kindern und Jugendlichen im Alter zwischen 8 und 16 Jahren unterwegs zu Sommerfreizeiten mit missionarischen Einsätzen. Dafür wurden mit viel Kreativität verschiedene Pantomimenstücke entwickelt und einstudiert. Später kamen noch Glaubenskurs und Jüngerschaftsschule für Teenies dazu, und auch ein spezieller Teenager-Gottesdienst wurde gestartet.

Mittlerweile waren im gleichen Gebäudekomplex zwei Wohnungen angemietet und eine Wohngemeinschaft entstand. Mehrere Mitarbeiter des Teams, unter anderem Birgit, die die Arbeit leitete, zogen dort ein. Schon bald kamen manche der Jugendlichen zu Besuch in die neue WG, weil sie mal jemanden zum Quatschen brauchten oder sich einfach nur wohl fühlten.

Tja, und dann war da noch der Platz, den das Brockenhaus belegt hatte. Das Brockenhaus war vor kurzem umgezogen in ein weitaus besser geeignetes Geschäftslokal mit Lager und angrenzender Wohnfläche in unmittelbarer Nähe vom Wiedenhof. Was aber nun tun mit dem riesigen Raum in der Peterstraße, der jetzt auch noch zum Teenager-Zentrum gehörte? Die Idee ließ nicht lange auf sich warten: Eine Disco sollte entstehen! Eine Disco für Teenager zwischen 12 und 18, mit viel christlicher Musik – *Hip Hop* genauso wie Anbetungsmusik, ohne Alkoholausschank und Drogen – eben auch eine echte Alternative. Ein Brückenkopf sollte sie sein zu denen, die mit dem Glauben nichts oder noch nichts anfangen konnten.

Es dauerte nicht lange und die Wohngemeinschaft Peterstraße war mit neun Bewohnern gut belegt. Sogar Männer (!) waren dazugekommen. Christian, bis dato verantwortlich für die Nachsorge-WG, hatte Birgit geheiratet und jetzt leiten sie die Teenager-Dienste als Ehepaar. Zu zweit ist es wohl schöner als alleine. Also noch einmal in die Hände gespuckt, wieder weiter renoviert, und Ulrike, schon eingesessen, und Thomas (kam auch aus der Nachbetreuung) konnten als frischgebackene Eheleute ihr heimeliges Einraumappartement beziehen:

> Als kleines Mädchen ging ich schon zur Sonntagsschule. Das war für mich so selbstverständlich, dass ich später in der Grundschule nicht erklären konnte, warum ich auch sonntags „zur Schule" ging. Ich sang im Chor und ging zur Bibelstunde, wo ich mit Abstand die Jüngste war: Das Durchschnittsalter lag bei 60. Manchmal hab ich mich gefragt, warum ich da eigentlich hingehe. Ich hatte Sehnsucht nach Gott – und die hat mich nicht mehr losgelassen.
>
> Lange Zeit dachte ich: Ich kann nicht so ein begeisterter Christ sein, weil ich keine chaotische Vergangenheit hatte, keine Drogen und so. Bis mir klar wurde, dass ich damit eigentlich sage: „Schade, dass ich Gott nicht so viel Schmerzen zugefügt habe!" Heute bin ich echt froh, dass ich nicht erst Umwege zu machen brauchte, um zu Gott zu kommen, und somit mir und anderen die Jahre der Wiederherstellung gespart habe.
>
> 1985 kam ich nach Lüdenscheid, gerade pünktlich zum Start der Kinder- und Teenagerdienste. Und seitdem lebte ich in Lebensgemeinschaften mit den unterschiedlichsten Leuten zusammen. Das gemeinsame Leben war immer wieder herausfordernd und heilsam zugleich. Die tiefen Freundschaften, die daraus gewachsen sind, bleiben für mich total wertvoll und sind einfach Schätze für mich.
>
> Ich liebe es, mich in Menschen, besonders in Teenager, zu investieren, und viele der Kids, die zu uns kommen, haben Sehnsucht nach Gott, so wie ich früher. Es ist so gut, sie ernst zu nehmen und zu stärken. Meine eigene unspektakuläre Geschichte zeigt Gottes wunderbare Art:

> Kinder und Teenager können heute durchstarten zu einem erfüllten Leben mit Gott – ohne Umwege.
>
> *Ulrike Tetzlaff*

Auch Bärbel gehörte mittlerweile zum Team:

> Am Anfang war ich einfach fasziniert, als ich die „Leute vom Wiedenhof" näher kennen lernte. Sie strahlten so eine Freude und Herzlichkeit aus. Ich hatte das Gefühl, dass sie in direktem Kontakt zu Gott standen. Wenn sie erzählten, was sie mit Jesus erlebten, sprach das oft eine Sehnsucht in meinem Herzen an. Ich wollte ihn auch gern mehr erleben.
>
> Also besuchte ich mal mehr, mal weniger regelmäßig ihre Jugendstunden. Mein Herz wurde dort immer wieder berührt. Irgendwann in dieser Zeit empfand ich, dass es meine Berufung sei, mit Kindern zu arbeiten.
>
> Ich machte eine Ausbildung zur Erzieherin und fand eine Anstellung in einem evangelischen Kindergarten in Lüdenscheid, den ich ab 1984 dreizehn Jahre lang leitete. Ich hatte dort auch viel Möglichkeit, die Kinder mit Jesus bekannt zu machen.
>
> Der Gottesdienst der FCJG wurde mit der Zeit mein geistliches Zuhause. Ich lernte die Kraft des Heiligen Geistes in tiefer Weise kennen. Diese Erlebnisse veränderten mich. Ich bekam mehr Mut und Hilfe für meinen Alltag.
>
> Irgendwann war es dann so weit: Ich wurde vollzeitliche Mitarbeiterin in der FCJG. Das war eine einschneidende Veränderung für mich. Zwar hatte ich vorher schon mehr als zehn Jahre lang in verschiedenen Bereichen der FCJG ehrenamtlich mitgearbeitet, aber wie würde es mir gehen – so ganz aus dem wohlgeordneten Rahmen meines bisherigen Lebens heraus?
>
> 1998 heiratete ich mit 37 Jahren meinen Mann Bruno, der vollzeitlicher Mitarbeiter in der Stadtmission der FCJG

ist und eine ihrer Wohngemeinschaften leitet. So lag es nahe, dass wir nun beide dort wohnten. Mein Tagesablauf war jetzt nicht mehr so geordnet, wie ich es kannte. Die verschiedenen Ebenen – Ehe, Kinder-Dienste (für die ich verantwortlich bin), Wohngemeinschaft – zusammenzubringen fiel mir schwer. Vielleicht hatte ich mir den Alltag als vollzeitlicher Mitarbeiter in der FCJG ein bisschen zu ideal vorgestellt? Aber Gott ist ein Gott des Alltags.

In vielen Jahren habe ich immer wieder gesehen, wie Gott Menschenleben verändert. Es ist toll, daran beteiligt zu sein.

Bärbel Löffel-Schröder

Allmählich hatte sich das Teenager-Zentrum zum Kinder- und Teenager-Dienst gemausert. Es war zu einer Gemeinschaft herangereift, in der Ehepaare und Singles ihr Leben teilten. Ebenso wie in allen anderen FCJG-Diensten bedeutete das auch hier, dass man sich regelmäßig traf. Morgendliche Andachten mit Zeiten von Anbetung, Gebet und biblischer Unterweisung, Mitarbeiter-Meetings und gemeinsame Mahlzeiten gehörten dazu. Und es hieß auch, dass man die praktischen Aufgaben, die anfielen, untereinander aufteilte: gemeinsam leben und gemeinsam arbeiten. Alles gehörte zusammen.

Von wegen vergeben?

Die FCJG hatte jetzt vier Standbeine: Drogenrehabilitation, Stadtmission, Schulungsarbeit und Kinder- und Teenager-Dienst. Es waren jede Menge Mitarbeiter dazugekommen, etliche angestellte „Vollzeitler" und viele Ehrenamtliche. Immer galt es, diese Menschengemeinschaft zusammenzuhalten in einem Geist – der Liebe zu Gott und zueinander – und mit einer Ausrichtung: der Berufung zum gemeinsamen Leben, dem Dienst an den Bedürftigen, der Evangelisation, der Schulung, der Weltmission, dem Auftrag, der Jugend zu dienen, und der Förderung der Einheit des Leibes Christi.

Für ein gesundes Beziehungsgeflecht und den notwendigen Informationsfluss musste ein Rahmen geschaffen werden, strukturelle Veränderungen wurden nötig. Glücklicherweise musste nicht alles umgemodelt, sondern nur hier und da erweitert werden. Jetzt kamen zu den wöchentlichen Treffen aller Mitarbeiter auch die der neuen Arbeitszweige hinzu. Hier wurde die Mitarbeiterschaft über Anstehendes informiert, man betete gemeinsam und traf dann vor Gott Entscheidungen. Dieses Forum war jetzt so gewachsen, dass sich parallel ein Leitungskreis aus allen Verantwortlichen der Dienstzweige herausbildete. Diese Verantwortlichen trafen sich auch mit ihren jeweiligen Mitarbeitern zu Austausch und Gebet. „Familienabende" fanden je zweimal monatlich abwechselnd im kleinen Kreis in den einzelnen Wohnungen und für die gesamte FCJG im Wiedenhof statt – da wurde Gott ausgiebig angebetet, Liebesmahl gefeiert usw. Dass am Samstagabend möglichst alle zum Gottesdienst kamen, versteht sich von selbst.

Jedes der anberaumten Treffen war im Grunde die Folge einer Entwicklung, in der die FCJG schon steckte, ehe die Verantwortlichen dem Kind einen Namen gaben und ein wenig mehr Ordnung hineinbrachten. Dass all dieses Strukturieren kein leichtes Unterfangen war, das kann man sich vorstellen. Immerhin ist das ein Haus, „aus lebendigen Steinen gebaut" und kein Betonklotz. Die Gemeinschaft setzt sich aus Menschen mit ganz unterschiedlichem Hintergrund zusammen – vom Drogenabhängigen bis zur echten Prinzessin, vom Frischbekehrten bis zum gestandenen Gläubigen – und noch unterschiedlicherem geistlichen Gepräge. So was nennt man dann interkonfessionell. Hört sich gut an und ist auch unbestreitbar gut. Nur will es im Alltag erst mal gelebt werden. Wenn dann der eine etwas so versteht, der andere aber ganz anders, und wenn dann noch Temperament und Persönlichkeit aufeinander prallen und das Ihre dazu tun: Wie schnell gibt es Missverständnisse, Uneinigkeit und öfter sogar Streitereien! Davon ist die FCJG leider auch nicht verschont: Oft genug sind es die Alltagsquerelen, die menschlichen Unterschiede, die ihr zu schaffen machen. Auch Leiten will gelernt sein, und da sind Fehler im System nicht ausgeschlossen. Mancher hat sich aufgrund solcher Dinge im Lauf der Jahre aus der FCJG-Gemeinschaft verabschiedet. Wer dennoch blieb, erlebte, dass es immer einen guten Weg Gottes gibt, um aufzustehen, wenn man gefallen ist, um Vergebung zu erbitten und zu gewähren und um so ein Miteinander in herzlicher Liebe zu gestalten.

> Wer von uns hat schon allezeit Sieg in seinem Leben mit Jesus zu verzeichnen? Können wir nicht viel eher von unseren Niederlagen und Entmutigungen berichten, anstatt von allezeit Sieg? Da versuchen wir gerade ernsthaft und aufrichtig, die von Gott gegebenen Ziele für unser Leben, die Familie, die Gemeinschaft, in der wir leben, zu verwirklichen, und schon stolpern wir über unvorhergesehene Blockaden unseres manchmal noch sehr unerlösten Charakters oder Angriffe des Feindes. Oder wir befinden uns plötzlich in Situationen und Umständen, die alles andere als den Sieg und den Wohlgeruch Christi in und durch unser Leben

bewirken. Die Folgen sind Entmutigung, Frustration, Fluchtgedanken und manches Mal sogar Unversöhnlichkeit, Angst, ja tiefer Unglaube. Wir verlieren die von Gott gegebenen Ziele aus den Augen und vergessen seine Verheißungen, die er, manchmal sogar schon über Jahre, in unser Leben hineingesprochen hat.

Bleiben wir hier stecken, hat der Teufel sein Ziel erreicht. Der Feind versucht natürlich das Volk Gottes zu entmutigen und zu verängstigen. An dieser Stelle müssen wir höchst wachsam sein. Das, was wirklich zählt, sind nicht in erster Linie unsere positiven oder negativen Erfahrungen, die wir als Christen machen. Wirklich zählt allein das Wort des lebendigen Gottes, das sagt: „Aber Gott sei gedankt, der uns allezeit Sieg gibt in Christus." Und dieser Sieg fand und findet nur am und durch das Kreuz von Golgatha statt und ist nur in Christus, dem Auferstandenen selbst zu finden.

Wenn wir versagen, dürfen wir die tiefe Gewissheit haben: Jesus ist für mich, was immer auch geschehen ist. Da gibt es Vergebung ohne Maß am Fuß des Kreuzes, wenn wir konsequent und ehrlich Buße tun für unsere Schuld. Nicht das Mitleid anderer und auch nicht das eigene Mitleid bewahren uns diesen Sieg in Christus. Nein, sondern nur eine klare und konsequente Buße am Kreuz erhält uns in der Vollmacht und dem Sieg Jesu.

Mit einem spontanen Ausspruch einer unserer Mitarbeiterinnen möchte ich schließen: „Buße tut echt gut und muss wohl immer wieder von Zeit zu Zeit erlebt werden".

Unser Weg

Es prickelt

Große Ereignisse werfen ihre Schatten voraus. Der Verein stand an der Schwelle zu einem neuen Jahrzehnt. Die 90er Jahre wurden für die FCJG-Gemeinschaft zum Sprungbrett in die Weltmission. Ein „Mazedonienruf" („... komm herüber und hilf uns!", Apg. 16,9) aus Österreich hatte die FCJG schon lange erreicht und war Mitte 1988 Startschuss für eine Drogenrehabilitationsarbeit in Wien. Vier Leute arbeiteten zur Vorbereitung ein Jahr im Wiedenhof mit, um dann dem Ruf in Österreichs Hauptstadt zu folgen und dort eine Reha-Arbeit aufzubauen. Damals stand im Rundbrief:

> Wir wollen die Herausforderung der Drogenproblematik in Wien wahrnehmen und Gottes Barmherzigkeit zu den Süchtigen bringen. Außerdem möchten wir die Einheit des Volkes Gottes in Wien und darüber hinaus fördern und unterstützen.
>
> *Unser Weg*

Der erste Schritt über die eigene Landesgrenze hinweg war gewagt, ein Team langfristig ausgesandt. Dass es durch und durch ein Pionierprojekt war, steht außer Frage. Alles, was die Gemeinschaft anpackte, war immer ein Anfang „von der Pike auf". So fand das Wien-Team, fünf Tonnen Hausrat und Möbel im Schlepp, bei seiner Ankunft eine völlig unrenovierte Wohnung vor. Laut Absprache sollte zwar alles fertig sein, tatsächlich war es jedoch so, dass sie die heruntergekommene Altbauwohnung erst mal gründlich sanieren mussten. Wochen später waren die entsprechenden Räumlichkeiten hergerichtet und die Reha startete in zwei Wohnungen in einem ganz normalen Mietshaus. Niemand hätte zu diesem Zeitpunkt gedacht, dass sich die Suche nach einem geeigneten Haus zehn Jahre hinziehen würde.

Doch nicht nur Europa war im Visier. Schüler und Mitarbeiter der zweiten Schule brachen zu einer Erkundungsreise nach Asien auf. Dort knüpften sie Kontakte und fanden Einsatzmöglichkeiten heraus, und seitdem gehören Einsätze dorthin zum festen Schulprogramm. Es waren nicht nur Schüler der Wislade unterwegs nach China, auf die Philippinen und nach Thailand, sondern auch etliche andere FCJGler machten sich auf, um asiatische Missionsluft zu schnuppern.

Dazu erwartete die Gemeinschaft noch ein richtiges Highlight. Zur *Konferenz für Mission* in der Lüdenscheider Schützenhalle im Rahmen des weltweiten *Fackellaufs für Jesus* hatten Jackie Pullinger aus Hongkong und Mark Buntain aus Kalkutta in Indien zugesagt. Fast 850 Teilnehmer erlebten bewegende Momente und lauschten gebannt den aufrüttelnden Botschaften. Es war etwas ganz Besonderes, als Mark Buntain sich am Ende der Konferenz erhob und mit bewegter Stimme sagte:

> Meine Zeit geht vorüber ... meine Generation zieht weiter ... Meine lieben jungen Freunde, jetzt ist die Fackel in eurer Hand. Die Hand unserer Generation, die die Fackel so hoch wie möglich gehalten hat, fängt an zu zittern ... Ihr habt die Kraft, die Gesinnung und Stärke dieser großartigen deutschen Nation ...
>
> *Unser Weg*

Getrieben von Gottes Geist liefen viele nach vorn, und Mark ermutigte sie, symbolisch die Fackel der Mission zu übernehmen. Hunderte standen dort mit Tränen in den Augen, um darauf einzugehen. Mark war zu diesem Zeitpunkt weit in seinen Sechzigern und sollte nach diesem so tiefgehenden Ereignis nur noch wenige

Wochen leben. Nicht lange nach seiner Rückkehr nach Kalkutta kam die Nachricht, dass er verstorben war. Umso bedeutsamer erscheint im Rückblick der symbolische Akt seiner Fackelübergabe.

Obwohl Mark nur ein Mal in Lüdenscheid war, spürte jeder sofort seine tiefe Liebe zu den Verlorenen und durfte von seiner väterlichen Weisheit profitieren. Mark Buntain hatte die Herzen im Handumdrehen erobert. In der Erinnerung derer, die ihn erlebt haben, wird er immer lebendig bleiben.

Das neue Jahrzehnt kündigte sich aber nicht nur mit einer für die Gemeinschaft gewaltigen missionarischen Explosion an, sie stand auch mittendrin in einem neuen Wirken des Heiligen Geistes unter jungen Leuten. Es prickelte unter den Teenagern, das konnte man überall im Land spüren. Da lag es nahe, sich mit dem Gedanken an einen überregionalen Teenager-Kongress zu beschäftigen. Von allen Seiten gab es Bestätigung für dieses Projekt. Zu diesem groß angelegten Kongress wurden an die tausend Teenager erwartet. Drei Tage lang sollten sie sich sammeln, Motto: *Tausend Teenager für Gott*. Das Programm bot alles, was die Aufmerksamkeit einer solchen quirligen Masse gewinnen konnte: Tanz, Musik, Pantomime, Theater und vieles mehr, von Teenagern für Teenager. Das Angebot umfasste Seminare, Seelsorge und Jüngerschaft sowie die Möglichkeit, an einem evangelistischen Straßeneinsatz teilzunehmen und vieles über Weltmission zu hören. Eine Rockgruppe aus den USA hatte sich angekündigt, und das Sahnehäubchen war, dass der weltweite Fackellauf, den Jugendliche in Jerusalem gestartet hatten, in den Kongress münden würde. Da bahnte sich ein Happening der besonderen Art an, das von viel Miteinander und Freude geprägt sein sollte.

Besonders die Mitarbeiter aus dem Teenager-Dienst fieberten dem Kongress entgegen. Sie bewältigten ja auch einen Großteil der Organisation, was mit einer Menge Stress und persönlicher Hingabe verbunden war. Manches Mal stellte sich die bange Frage: „Ob wohl alles reibungslos klappen wird?" Schließlich hatte keiner je eine Veranstaltung in dieser Größenordnung durchgezogen. Allein die Vorstellung, tausend Teenager „im Griff" haben zu müssen, sorgte oft genug für ein flaues Gefühl im Magen, aber … allmählich entwickelten sich die Mitarbeiter zu Experten im *Learning by Doing*. Selbstverständlich war in Vorbereitung und Durchführung des Kongresses die gesamte Gemeinschaft, je nach Möglichkeit, involviert. Vom Ordner über Shuttlefahrer bis zum Zellgruppenleiter und *Trouble Shooter* wurde jede Hilfe gebraucht.

Zum Stichtag rückten dann tatsächlich 1040 Teenager in Lüdenscheid an. Eine Lawine war ins Rollen gekommen. Das Lüdenscheider Kulturhaus, in dem der Kongress stattfand, war mit einer unvergleichlichen Dynamik und Freude erfüllt. So viele hoch motivierte, erwartungsvolle und begeisterte junge Leute zu erleben, war etwas völlig Neues.

Die drei Kongresstage blieben nicht ohne Auswirkung auf Lüdenscheid. Nicht nur, dass eine Veranstaltung mitten im Zentrum stattfand, es gingen auch Gruppen von jeweils zwanzig Teens in Altenheime, Einkaufszentren, Krankenhäuser, zu Feuerwehr und Polizei, in Parks und auf Spielplätze, um mit Menschen über Jesus zu reden und für sie zu beten. So etwas hatte Lüdenscheid noch nicht gesehen. Sogar Bürgermeister und Stadtdirektor ließen es sich nicht nehmen, wenigstens einmal dabei zu sein, um ihre Grußworte an die über tausend jungen Gäste der Stadt zu richten.

Der Auftrag an die Jugend wurde nicht nur durch den bestehenden Teenager-Dienst und den Kongress ausgeführt, ein weiterer Arbeitszweig entstand: der CHAMP. „*CHAMP* – das christliche Magazin für moderne Teens", so ungefähr lautete der Slogan.

Der Gedanke und die Einsicht, dass es (damals!) kaum gute zeitgemäße Information mit christlichem Inhalt für Teenager gab, waren erschreckend und aufrüttelnd.

Da sich niemand anderes fand, der die Herausforderung annehmen wollte, entschied die Leitung der FCJG, sich ihr zu stellen. Nach eingehendem Suchen, Beten und intensiver Beratung mit Freunden der Arbeit wurden Nikola und Sylvia Nesovic mit der Umsetzung dieser Vision betraut. Die beiden hatten seit den Anfängen neben der

Reha die Öffentlichkeitsarbeit für die FCJG geleistet und sollten jetzt noch zusätzlich das Teenager-Magazin herausbringen.

Mit diesem neuen Arbeitsbereich setzte sich auch eine interessante Entwicklung fort. Sie waren neben Bernd die letzten aus dem ursprünglichen Reha-Team, die noch im Wiedenhof wohnten. Alle anderen hatten bereits einen neuen Wirkungsbereich übernommen. Jetzt trugen Bernd und Susanne Mette die volle Verantwortung für die Reha, Martin und Gila Rohsmann wohnten auf der Wislade und leiteten die Schule. Helmut und Ulrike Diefenbach waren verantwortlich für die stadtmissionarische Arbeit und wohnten im Missionshaus. Walter und Irene Heidenreich leiteten die gesamte FCJG und waren schon vor längerer Zeit auf die Wislade gezogen. Nikola und Sylvia fingen an, ein Team zusammenzustellen. Sie brauchten Schreiberlinge, „Grafixe", jemanden für den Aufbau der Aboverwaltung und die dazu nötigen Räumlichkeiten.

> 10 Jahre Reha – wie im Flug vergangen. Es ist wirklich wahr, als Sylvia, unser Sohn (ist mittlerweile 14) und ich (Nikola) Ende 79 nach Lüdenscheid im Wiedenhof als Mitarbeiter einstiegen, war die FCJG so schön überschaubar – eben „nur" eine Reha-Arbeit an Drogenabhängigen ohne Nachbetreuungs-WG, Missionshaus, Mitarbeiterschule, Brockenhaus und Teenager-Zentrum. Heute, eben zehn Jahre später, ist die Zeit gekommen, das eine zu verlassen – um das Neue zu nehmen, die Öffentlichkeitsarbeit der FCJG (*Unser Weg* war schon immer unser Ding) und das neueste Projekt – das Teenager-Magazin CHAMP.
>
> Wir beide freuen uns sehr über diese neue Aufgabe und sind für alle Fürbitte dankbar.
>
> Nikola Nesovic/Unser Weg

Ein Team formierte sich schnell und machte sich an die Arbeit. Keiner hatte jemals Erfahrungen im Zeitungmachen gesammelt, also ging es sozusagen wieder bei Null los: oberstes Prinzip *learning by doing* – nicht unbedingt zweckmäßig, aber mutig. Bei den ersten

CHAMP-Ausgaben fehlte es an allem. Nicht einmal notwendiges technisches Handwerkszeug wie Kopierer und Computer waren vorhanden, jeder Text wurde noch mit der Schreibmaschine geschrieben und das gesamte Layout von Hand im so genannten Klebeumbruch erstellt und für die Druckerei aufbereitet.

Thomas, in Sachen Grafik mit im Boot, hatte ja erst ins Teenie-Zentrum eingeheiratet und erlebte jetzt, wie sich ein Teil eines langgehegten Traums erfüllte:

> Wenn ich abends im Bett lang, träumte ich davon, Musik zu machen, Gitarre zu spielen, auf einer Bühne zu stehen – genau wie meine Helden, deren Musik ich so liebte. Ich war schon immer ein Träumer – und wenn nicht Musik, dann wollte ich ein Superheld sein ... so einer aus meinen Comics mit tollen Superkräften, der was Bedeutendes macht – mal eben die Welt rettet. Doch leider verkehrten sich meine Träume in Alpträume. Meine Begeisterung für die Musik der Hippies brachte mich sehr schnell zu Drogen. Zu meinen Eltern hatte und habe ich eine echt gute Beziehung – nein, das war nicht der Grund. Ich wollte einfach anders sein und so leben.
>
> Anfangs fand ich's noch ganz cool, aber mit der Zeit kriegte ich richtig Angst durchzudrehen und wie einige meiner Freunde in der Klapse zu enden.
>
> Dann traf ich einen ehemaligen Freund und hörte von ihm zum ersten Mal etwas davon, dass Jesus heute noch lebt. Super, das rief doch sofort wieder einige meiner Superheldenträume wach. So wie in den alten Jesus-Filmen, die ich gesehen hatte: Irgendwelche coole Typen, die mit den Spießern von damals nix am Hut, dafür aber Zauberkräfte hatten. Sehr schnell kriegte ich mit, dass das Ganze nichts mit Zaubern, sondern mit Jüngerschaft und Nachfolge zu tun hatte – mein Leben musste sich ändern! Genau das passte mir aber nicht und so drehte sich das Karussell weiter.

Irgendwann nahm mein Freund mich mit nach Lüdenscheid, um beim Renovieren vom gerade entstehenden Missionshaus zu helfen. In der Zeit stürzte ich wieder total ab und wurde rückfällig. Also lag ich wieder im Bett, aber Träume hatte ich keine, die waren geplatzt. Ich war am Ende ... von wegen die Welt verändern ...

Gott sei Dank gab es den Wiedenhof und das Angebot, dort eine Therapie machen zu können. Hier erlebte ich diese lebensnotwendige Veränderung. Auf den Gedanken, dass Gott mir etwas von meinen Wünschen und Träumen geben würde, wäre ich „im Traum" nicht gekommen. Ich dachte, dass ich seine Wünsche zu erfüllen habe. Aber wenn ich Gott erlaube, mein Leben zu verändern, ihm mein Herz gebe ... gibt er mir Dinge, die mein Herz sich wünscht.

„Spiel doch mal Gitarre mit!" – „Äh, Thomas, kannste mal 'n Comic für den CHAMP malen?" ... da waren sie wieder, meine Träume. Interessanterweise gab es um mich herum immer Leute, die viel kreativer und musikalischer waren als ich, und doch sollte ich weitermachen. Ich liebe diesen Vers, dass Gott das Schwache erwählt hat.

Thomas Tetzlaff

Was die Räumlichkeiten betraf, konnten Nikola und Sylvia erst einmal im Wiedenhof wohnen bleiben und auch einige freie Räume als Redaktionsbüro nutzen. Das war auch deshalb so praktisch, weil sie dadurch nicht abrupt, sondern nach und nach aus der Reha aussteigen konnten.

Chill-Out

Die FCJG-Gemeinschaft stolperte nicht einfach so in das neue Jahrzehnt hinein. Es standen große Herausforderungen an, so viel war klar. Eine ganze Menge war schon passiert und es sah gar nicht danach aus, als wäre das Ende der Fahnenstange bereits erreicht. Aber wie sollte man mit so viel Wachstum umgehen? Wie war es zu schaffen, sich dabei nicht in einem ungesunden Aktionismus zu verlieren? In allem war es ja stets aller Anliegen, aus der Mitte heraus, nämlich der Beziehung zu Jesus, der Freundschaft mit dem Heiligen Geist und den Beziehungen untereinander, die Dinge zu gestalten. Einmal mehr griff Walter dies in seinem persönlichen Wort an die Freunde der Arbeit auf und schrieb in *Unser Weg*:

> Wir leben in einer Welt, in der wir Schwierigkeiten und Problemen kaum ausweichen können. Wie wir uns mit diesen Nöten, auch unseren persönlichen, auseinander setzen, sieht jedoch sehr unterschiedlich aus. Die einen suchen beständig aktiv nach Hilfen und Lösungen, andere hingegen sind eher gleichgültig, leben einfach in den Tag hinein, halten sich Ohren und Augen fest zu und verschließen vor allem das Herz vor der Not, die sie umgibt.
>
> Jesus kam mitten hinein in eine Welt voller Nöte und begegnete ihnen in der Kraft des Heiligen Geistes. Er heilte die Kranken, reinigte die Aussätzigen und befreite dämonisch belastete Menschen. Er verkündigte das Reich Gottes.
>
> Doch in seinem Leben fällt auf, dass er dies aus einer großen Ruhe und Gelassenheit heraus tat. Wenn wir das

Evangelium lesen, sehen wir, dass er in dieser großen Herausforderung wirklich in Gott geborgen war. Immer wieder zog er sich zurück ins Gebet, um mit seinem Vater Gemeinschaft zu haben. Mitunter ganze Nächte lang. Dort wurde er immer wieder neu vom Heiligen Geist berührt und konnte so aus der Geborgenheit in Gott seinen Auftrag erfüllen.

Als er eines Tages bei Maria und Martha einkehrt, sehen wir, wie diese beiden Schwestern völlig unterschiedlich auf Jesus reagieren. Die eine fing gleich an zu arbeiten und zu dienen. Sie war nach relativ kurzer Zeit ausgebrannt und fragte den Herrn frustriert: „Fragst du nicht, dass meine Schwester mich hier allein dienen lässt, sage es ihr doch auch, dass sie es auch angreife." Und Jesus spricht zu ihr: „Martha, Martha, du hast viel Sorge und Mühe. Eins aber ist Not. Maria hat das gute Teil erwählt. Das soll nicht von ihr genommen werden." Dieses gute Teil war er, war Jesus selbst. Er wusste, worauf es in erster Linie ankommt; aus der Ruhe heraus, aus der unmittelbaren Beziehung zu Gott zu leben – den Vater um seiner selbst willen zu lieben – seine Liebe absichtslos zu empfangen. Er ist das gute Teil, Jesus selbst.

Das müssen wir auch in unserer Gemeinschaft, in unserer Arbeit immer wieder lernen. Nicht die Nöte sind das Wichtigste, nicht die Arbeit, nicht, dass wir gut funktionieren, ist das Wichtigste, sondern Jesus ist das gute Teil. Wir müssen aufpassen, dass uns das niemand raubt. Gerade in diesem Jahr wollen wir es besonders lernen, seine Liebe „absichtslos" zu empfangen, um so aus der Mitte, aus der Geborgenheit in Gott das tun zu können, was er uns zeigt.

Wir danken Gott, dass er uns immer wieder besonders auf sich selbst aufmerksam macht. Ich möchte jedem ans Herz legen, sich nach dieser Mitte in Jesus auszustrecken …

Unser Weg

Das Jahr 1990 wurde das Sabbatjahr der FCJG. Die vielen unterschiedlichen großen und kleinen Dienste und etliche Großveranstaltungen hatten eine Menge Kraft gekostet. Über Jahre hatte ein ausgeprägtes Sendungsbewusstsein die ganze Gemeinschaft bestimmt, war aufgegriffen und gelebt worden. Nun wurde eine Zeit der Ruhe vor Gott wichtig, eine Zeit der Sammlung und der gemeinsamen Suche nach neuer geistlicher und praktischer Ausrichtung, um für neue Herausforderungen gestärkt zu werden. Das galt nicht nur für die Gemeinschaft als solche, das betraf jeden Einzelnen persönlich. Außenaktivitäten wurden auf das Nötigste reduziert und jeder Mitarbeiter konnte sein individuelles Fitnessprogramm – eintauchen in Gottes Ruhe und Geborgenheit mit viel Zeit in seiner Gegenwart – persönlich gestalten. Da war so mancher froh, wenn er mal „außer der Reihe" ein Seminar oder eine Konferenz besuchen konnte, ohne gleich mitzuarbeiten. Oder den gemeinsamen Familienabend einfach nur genießen, weil er eben nicht einen anstrengenden Tag hinter sich hatte und sich am Abend regelrecht aufrappeln musste. Es gab wieder mehr Zeit für Beziehungen, die man pflegen oder neu aufbauen konnte:

> Ein spannendes Jahr geht zu Ende. Ein Jahr, das für uns als FCJG in vielerlei Hinsicht anders war als die Jahre zuvor. Es war ein wirkliches Sabbatjahr. Ein Jahr, in dem wir unsere Aktivitäten nach außen auf ein Minimum beschränkt hielten. Stattdessen haben wir uns Raum genommen, um Gottes Gegenwart neu zu suchen und zu „hören", was auf seinem Herzen ist. Zusammenfassend lässt sich sagen, dass es ein außerordentlich kostbares Jahr war. Es diente dazu, unsere Beziehung zu Gott zu erneuern und auch unsere Beziehungen untereinander. Darüber hinaus hat Gott uns aber auch in ungeahnter Weise auf neue Wege, die er mit uns gehen will, ausgerichtet.
>
> *Unser Weg*

Zwei herausragende Ereignisse in diesem Sabbatjahr prägten die Entwicklung der gesamten Arbeit mit. Anfang des Jahres waren auch die Ehepaare Heidenreich und Rohsmann zu einer Erkundungsreise nach Asien aufgebrochen, wo sie in Indien unter anderem Mutter Teresa und Huldah Buntain trafen: „Wie können wir im Gehorsam dem Missionsbefehl gegenüber und auch gemäß unserer Berufung einen Schritt ‚bis an die Enden der Erde' gehen?" Der Trip in Sachen Weltmission hatte zur Folge, dass sich bald darauf ein Team formierte, um in Manila, der Hauptstadt der Philippinen, eine Reha-Arbeit für Drogenabhängige aufzubauen und Gottes Barmherzigkeit in die Slums dieser Riesenmetropole zu bringen.

Das andere Highlight war eine Schulungswoche mit Jackie Pullinger aus Hongkong zum Thema „Dienen in den Gaben des Heiligen Geistes". Für Menschen beten, ohne sie mit den eigenen guten Gedanken zu überschütten, erkennen, wie man um Heilung beten soll, und, und: Fragen, die die Gemeinschaft und jeden Einzelnen bewegten. Jackie berichtete über viele eigene Erfahrungen, zeigte, wie man ganz praktisch in den Gaben des Heiligen Geistes dient, und gab handfeste Anleitung: „Begegne dem, für den du beten möchtest, mit Liebe und Aufmerksamkeit. Frag die Person, welche Nöte oder Krankheit sie quält. Stell dich mit deinem Namen vor und frag auch nach dem ihren. Sei jemand zum Anfassen und kein abgehobener Heiliger." Das waren nur einige ihrer *basic tips*, und egal, wie sie das Thema anpackte, es war geerdet, praktisch, griffig und es half, die ganze Gemeinschaft auf diesem Gebiet einen großen Schritt weiterzubringen. Gleich am Ende dieser intensiven Woche bot sich Gelegenheit, das Gehörte vom Kopf ins Herz und in die Praxis zu übernehmen. Während der Abschlussevangelisation, zu der fast 1600 Menschen kamen, nahmen viele Gebet für Krankheiten und Nöte in Anspruch.

Trotz Sabbatjahr lief das ganz normale Leben in der Gemeinschaft natürlich weiter. Im Wiedenhof nutzte man die Zeit der Ruhe, um längst fällige praktische Arbeiten zu erledigen, die mittlerweile entstandene Autowerkstatt zu vergrößern und mal etwas zum Thema „Reha-Dienst – ein harter Dienst?" zu sagen. Bernd Mette:

Diese Frage wird hier und da immer wieder gestellt. Zumal in der säkularen Therapie gilt, dass ein Mitarbeiter in der Lebensgemeinschaft mit Süchtigen nach zwei Jahren „alle" ist. Hier liegt für mich eins der größten Wunder und Beweise der Gegenwart Gottes, dass es in der Mitarbeiterschaft auch nach Jahren des Dienstes immer neu möglich ist, jeden Gast mit der Frische der Liebe Gottes aufzunehmen. Enttäuschungen, Rückschläge, Lüge und Vertrauensbrüche sind oft tiefe Verletzungen. Im Leben unserer Mitarbeiter darf ich sehen, dass Jesus die Wunden heilt, und dass nicht hässliche Narben von Bitterkeit zurückbleiben. Gott weckt das Verlangen nach geistlicher Erneuerung, das Suchen nach seiner Kraft, die Umkehr von falschen Wegen. Es ist ein Geheimnis, das nur der Nachfolger Jesu verstehen kann: unter andrem auf Gehalt zu verzichten, Freizeit und Eigenleben aufzugeben und dennoch nicht der Ausgenutzte, sondern der reich Beschenkte zu sein, der mit niemandem tauschen will.

„Herr, ich danke dir für die Zeichen deiner Hingabe, deines Opfers, deiner Treue und Liebe, die ich in unserer Mitarbeiterschaft wiederfinde!"

Unser Weg

Auch in der Mitarbeiterschule zog man nach nunmehr fünf Jahren Schulgeschehen ein Resümee, das mehr oder weniger auf einen Blick verdeutlichte, mit welch Riesenschritten die Schule „ihr Land eingenommen" hatte:

Fünf Schulen, von 1985 bis 1990, mit insgesamt 117 Schülern unterschiedlicher Nationalität wie Deutsche, Schweizer, Österreicher, Engländer, Italiener und sogar ein Marokkaner. Einige von ihnen gingen in die Auslandsmission, etliche wurden Vollzeitmitarbeiter im Inland und weitere wurden verantwortliche Mitarbeiter in Gemeinden und Gemeinschaften. Außerdem hatten in den vergangenen Jahren Schuleinsätze stattgefunden in Asien – China, Hongkong, Philippinen und Thailand, in Afrika – Lesotho, in Südamerika – Peru, und in folgenden Ländern Europas – Spanien, Jugoslawien, Österreich, Großbritannien, Skandinavien, Russland, Rumänien und West- und Ostdeutschland. Mehrere Open-Air-Festivals hatten auf dem Berg der Wislade stattgefunden und dazu waren insgesamt mehr als 2500 Menschen angereist. Zusätzlich gab es noch jede Menge Seminare, Schulungen und Treffen, sowohl regional als auch überregional.

M. R., *Unser Weg*

Da mutete es fast wie ein Wermutstropfen an, dass das Schulungszentrum noch nicht ganz schuldenfrei war. Doch in der festen Zuversicht, dass Gott das Ganze angeleiert hatte, und mit vielen Bestätigungen wurde auch die letzte Hürde von „nur noch" 160.000 DM in Angriff genommen.

Genauso wie in der Reha und der Mitarbeiterschule war man auch im Missionshaus bzw. der stadtmissionarischen Arbeit froh, etwas zur Ruhe zu kommen. Und auch hier widmete man sich nicht nur intensiver den persönlichen Beziehungen und der Beziehung zu Gott, sondern packte manche praktischen Arbeiten an, die schon lange fällig waren. Wie ansonsten der Missionshausalltag lief, das beschreibt ein Mitarbeiter so:

Der Wecker klingelt und der Tag beginnt. Es folgt der übliche Kampf gegen die Müdigkeit. Aber dann lockt das Frühstück. Es sind nicht alle 22 Leute dabei, denn die Familien frühstücken für sich. Die Andacht: *2. Korinther 2,14 – Christus in uns!* Wir haben den Sieg. Danach eine Stunde persönliche Zeit – der Versuch, Realität werden zu lassen, was die Bibel verheißt.

Um 9 Uhr dann die Mitarbeiterstunde: Wir hören, dass P. uns wieder besucht hat. Sie erzählt: „Wenn das Kind (ein paar Monate alt) sowieso stirbt, lohnt es sich nicht, ein Kinderbett zu kaufen!" – Wir sind betroffen! – und beten! Inzwischen in der Küche: Eine Erdbeerschwemme – Gottes reichliche Versorgung! Nebenan werden Wäscheberge gebügelt – ein Dienst an allen im Haus. Ein Gast wird angekündigt – und wieder wird das Sofa aufgeklappt. J. zählt den fünften Gast in seinem Zimmer innerhalb der letzten zwei Wochen. Aber es zählt das Gebot, gastfrei zu sein, Hebräer 13,2.

S. verlor ihre Wohnung. Jetzt sitzt sie in der Küche. Sie findet Barmherzigkeit und taut auf. A. ist wieder da, einer unserer Freunde, ein Obdachloser. Einmal bekommt er nur das obligatorische Butterbrot, ein anderes Mal hat jemand Zeit. Und Jesaja 58,7 wird Realität: „Brich dem Hungrigen dein Brot, und die im Elend und ohne Obdach sind, führe ins Haus." Es läutet zum Mittagessen. Die ganze Mannschaft ist versammelt. Und manchmal muss auch hier schnell ein Teller dazugestellt werden. Am Nachmittag öffnet das Café unten im Haus. Ein Mitarbeiter wird nicht zum Abendessen da sein. Er hat Café-Dienst. Mancher Gast findet Jesus, mancher auch den Weg ins Missionshaus. Wir arbeiten Hand in Hand. Auch abends geht es weiter. Familienabend, Missionskreis, Glaubenskurs, Bibelstunde, der Gottesdienst im Wiedenhof und ab und zu ein Männertreffen, der besondere Clou.

Unser Weg

Und dann wäre da noch das Teenager-Zentrum. Hier kam man einfach nicht umhin, erst einmal ein neues Projekt auszuhecken, ehe es in die notwendige Sabbatruhe ging. Der erste Teenager-Kongress hatte eine wahre Flut an Dankesbriefen begeisterter Jugendlicher ausgelöst. Da konnte man mit einem nächsten Kongress für die Teens nicht zu lange auf sich warten lassen, und im Handumdrehen war das Datum festgelegt. Pfingsten des kommenden Jahres sollte dieser zweite Teenager-Kongress stattfinden, der für junge Leute aus

Deutschland, Österreich und der Schweiz geplant war. Mit dabei sein sollten diesmal auch Jugendliche der ehemaligen DDR. Es war ja noch nicht lange her, dass die deutsch-deutsche Grenze gefallen war und Deutschland wieder zu einer Nation zusammenwachsen konnte. *Come, Holy Spirit!* lautete das Motto für das groß angelegte Pfingst-Event mit ausgeprägt weltmissionarischer Ausrichtung.

Im Miteinander der Teenie-Zentrums-Bewohner standen sehr persönliche Dinge im Vordergrund, wie zum Beispiel der Umgang miteinander. Trotz Sabbatjahr: So ganz die Ruhe war denn doch nicht angesagt. Alle fieberten nämlich schon der Eröffnung der Disco *V.I.P.* entgegen, die nach langer (uups – fast vierjähriger) Bauphase am Silvesterabend endlich in Betrieb genommen werden sollte. Warum hatte das so lange gedauert? Zum einen fehlte es lange Zeit an Geld, zum anderen standen auch die Bauhelfer nicht gerade „Gewehr bei Fuß".

> ... die Disco ist durch die Treue Gottes möglich geworden. Und Treue war wirklich nötig: fast vier Jahre Bauzeit mit zwei Baufreizeiten, vielen Hochs und Tiefs, in der die Vision der Disco sterben und auferstehen musste, und Gebet und Glaube für etwa 30.000 DM!
>
> *Unser Weg*

Kurz vor ihrer Eröffnung wurde die Disco allen FCJGlern vorgestellt. Einmaliger Eintritt erlaubt – was für ein Knaller: Abhotten vom Feinsten! Danach durften nur noch die 12- bis 18-Jährigen rein. Für sie war diese Disco gedacht, denn jeder war überzeugt davon, dass sie Gottes Superidee war, um Teens mal ganz anders evangelisieren zu können.

Ans Ende der Welt

Was in den Jahren zwischen 1991 und 2000 in der FCJG geschah, das kann man, ohne zu übertreiben, nur als eine wahre Explosion bezeichnen. Wollte man alle Geschehnisse einzeln beschreiben, käme dabei wahrscheinlich für jeden der Dienstbereiche ein eigenes Buch heraus. Daher muss sich der geneigte Leser nun mit den ausgewählten Ereignissen begnügen, die eine Ahnung dessen vermitteln, was da insgesamt stattgefunden hat.

Wir erinnern uns: Das vergangene Sabbatjahr hatte, wie erwartet, neuen Schwung in die Beziehungen untereinander und zu Gott gebracht und die Gemeinschaft mit der Nase auf neue, ungeahnte Wege Gottes gestoßen. So eine Zeit der inneren Sammlung, Ausrichtung und Orientierung hatte immer mindestens die eine Auswirkung, dass sich bei den meisten eine prickelnde Erwartung breit machte, und der Sehnsucht nach „mehr von Gott" wuchsen Flügel:

> ... aber die Mitarbeiter der Freien christlichen Jugendgemeinschaft erwarten und erleben wieder vermehrt das übernatürliche Eingreifen Jesu durch die Kraft des Heiligen Geistes. Immer wieder war Gottes reales Handeln in den vergangenen Jahren in dieser Gemeinschaft sichtbar. In den überkonfessionellen Gottesdiensten zum Beispiel, wo tausende Christen und Nichtchristen erlebten, dass Jesus auch heute noch Menschen von ihrer Schuld errettet und ihnen neues Leben gibt. Dass er Kranke heilt, dämonisch Gebundene befreit und viele mit dem Heiligen Geist tauft.

> Das Ganze hat einen Hauch von Erweckung, doch es ist erst der Anfang, davon sind die Mitarbeiter fest überzeugt. Man kann über Jesus denken, was man will, man kann ihn toll finden oder ignorieren, man kommt auf keinen Fall an ihm vorbei. Wir sollten in den nächsten Jahren verstärkt auf ihn achten und die Bewegung seines Heiligen Geistes nicht aus den Augen lassen.
>
> *Unser Weg*

Im selben Rundbrief äußerte sich auch Jackie Pullinger zur FCJG, der sie mittlerweile eine gute Bekannte und äußerst beliebte Gastsprecherin geworden war:

> Als ich Walter und Irene Heidenreich das erste Mal traf, war ich von ihrer Hingabe an Jesus und ihrer Vision tief beeindruckt. Später dann, als ich die FCJG besuchte, wurde diese Vision für mich sichtbar. Die jungen Leute, die in der Gemeinschaft leben und arbeiten und ihren Dienst an Drogenabhängigen und Armen mit Hingabe tun, ließen meine Liebe zu Jesus wachsen. Ich habe Menschen gesehen, die Vision haben und keine traditionellen Wege gehen, sondern für das offen sind, was Gott sie lehren möchte. Ich glaube, dass der Grund für den gesunden Geist, den sie haben, der ist, dass sie immer ans „Vorwärtsgehen" denken. Die Gemeinschaft ruft freimütig Christen unterschiedlicher Denominationen zusammen, um für Mission und Einheit zu beten, und ist eine Ermutigung für andere Kirchen. Das ist wahrscheinlich ihr Markenzeichen. Ich wurde bei meinem Besuch erfrischt und neu an das Herz Jesu für die Verlorenen erinnert.
>
> *Unser Weg*

Eine großartige Nachricht, die den Anfang des neuen Jahrzehnts krönte, lautete: „Halleluja – abbezahlt!" Es war geschafft! Alle

Gelder waren in knapp fünf Jahren aufgebracht worden, und damit ging das Schulungszentrum Wislade samt dem 60.000 qm großen Grundstück ganz in den Besitz der FCJG über. Damit war manch bange Sorge vom Tisch. Eine Vision war nicht nur wahr geworden, sie hatte sich auch deutlich bestätigt. Viele Beter, die dieses Projekt begleiteten, und viele Spender hatten mit dazu beigetragen, denn die FCJG ist ja ein Glaubenswerk. Selbst Einnahmequellen wie das Brockenhaus oder die Schulgelder der Mitarbeiterschule deckten die Unterhaltskosten des jeweiligen Arbeitsbereichs nur begrenzt ab. Den Rücken frei von Schulden, ließ sich die Zukunft viel besser ins Visier nehmen, und die hatte so Einiges in petto:

„Mache den Raum deines Zeltes weit und breite aus die Decken der Wohnstatt und spare nicht! Spanne deine Seile lang und stecke deine Pflöcke fest! Denn du wirst dich ausbreiten zur Rechten und Linken, und deine Nachkommen werden Völker beerben und verwüstete Städte neu bewohnen. Fürchte dich nicht, denn du sollst nicht zuschanden werden!" (Jes. 54,2-4a)

Dieser Vers stand schon lange als Verheißung Gottes über der Mitarbeiterschule und auch über der gesamten FCJG und fand in den kommenden Jahren seine praktische Umsetzung.

Ein erster Schritt war ja bereits getan, einfach dadurch, dass sich ein Team formiert hatte, um nach Manila zu gehen. Im Sommer des Jahres war es dann endlich soweit: Es gab den berüchtigten Sprung ins kalte Wasser. Neun Erwachsene, drei von ihnen ehemalige Gäste des Wiedenhofs, mit fünf Kindern hatten all ihr Hab und Gut in Überseekisten verpackt und sich auf das Abenteuer Philippinen eingelassen. Für sie alle hieß das zunächst einmal die Sprache (Tagalog) und die fremde Kultur kennen und verstehen lernen. Darüber hinaus mussten sie ihre eigenen Strukturen für das gemeinsame Leben und die Arbeit mit den Drogenabhängigen entwickeln. Damit standen sie vor keiner leichten Aufgabe – und Lüdenscheid war ziemlich weit weg. Aber jeder im Team wusste genau, dass er sich auf eine einhundertprozentige Pioniersituation einließ, und nicht zuletzt war jeder Einzelne dabei, weil er sich von Gott für diesen Job berufen wusste:

> Als Einzelkind (die Ehe meiner Eltern ging sehr früh in die Brüche) rutschte ich bereits als junger Teenager in Beziehungen hinein, die mein Leben zerstörten, blieb nächtelang weg, trank Alkohol und nahm Drogen. Mit 15 war ich so kaputt, dass ich mein Leben für völlig wertlos hielt und ernsthafte Selbstmordgedanken hegte. Zwei Jahre später gab ich mein Leben Jesus und erfuhr seine Vergebung. Der Heilige Geist arbeitete meine Vergangenheit auf und erweckte in mir den Wunsch, konkreter meinen Weg im Reich Gottes zu erkennen. So kam ich auf die Mitarbeiterschule der FCJG. Während meines ersten Einsatzes in Manila hörte ich in einem Haus für Straßenkinder von JmeM über das brutale Leben dieser Kinder. Ich wusste: Da will ich hin! Die nächsten vier Jahre verbrachte ich als Mitarbeiterin auf der Wislade, aber der Wunsch, auf die Philippinen zu gehen, wurde immer intensiver. Gott bereitete mich vor.
>
> Es war, als wenn ein Traum wahr würde, als ein 9-köpfiges Team von unserer Gemeinschaft nach Manila ausgesandt wurde. Ziel: Drogenrehabilitation! Als ein Teil dieses Teams bin ich froh, erleben zu dürfen, dass Gott unseren Platz hier vorbereitet hat, und ich bin sehr gespannt auf die Wunder der Veränderung, die wir in vielen Menschenleben sehen werden."
>
> Unser Weg

Das Zeugnis dieser Mitarbeiterin steht beispielhaft für viele andere, die sich im Laufe der Jahre entschieden, ihre Zelte abzubrechen, um ihre Zeltpflöcke in einem fernen Land, dessen Kultur und Menschen ihnen fremd waren, wieder einzurammen, in dem Bewusstsein, zur Erfüllung des göttlichen Missionsbefehls beizutragen.

Der Gründer und Präsident von *Jugend mit einer Mission International*, Loren Cunningham, predigte 1992 in einem der überkonfessionellen Gottesdienste der FCJG über den „Schlüssel zur weltweiten Erweckung". Damit traf er genau das, was die Gemeinschaft bewegte. Hier ist ein kurzer Auszug aus seinem Beitrag:

> Ich stehe ein im Gebet für Journalisten, die Nachforschungen anstellen über deutsche Helden. Wir haben bereits gehört von Dietrich Bonhoeffer und Basilea Schlink, aber noch viele andere haben sich hartnäckig gegen die bösen Mächte zur Wehr gesetzt. Ich stehe ein für neue Einigkeit im Leib Christi in Deutschland. Die Berliner Mauer ist gefallen, aber auf unseren Reisen haben wir gespürt, dass das Land und die Kirche immer noch tief gespalten sind. Wenn Christen beten und in Gemeinschaft für Gemeinschaft eintreten, kann Gott neue Erweckung schenken. Auch stehe ich ein für die Aussendung von 10.000 deutschen Christen in den missionarischen Dienst. Dann werden überall in der Welt Menschen sich auf der Basis dieser Vorbilder an die Deutschen erinnern!
>
> *Unser Weg*

Und damit begann eine total verrückte Geschichte: Seit drei Jahren gab es die Reha-Arbeit in Wien, ein Team war gerade auf die Philippinen ausgesendet worden, nebenbei waren einige, teilweise langjährige, Mitarbeiter in die Arbeit von Jackie Pullinger-To in Hongkong eingestiegen, und nun öffnete sich das nächste „Tor in die Welt". Am anderen Ende des Globus dämmerte ein kleines Volk in uralter Tradition dahin – Schamanismus, Buddhismus, Islam, Atheismus – und sehnte sich danach, endlich aufgeweckt zu werden. Wer um alles in der Welt hatte sich bis zum jetzigen Zeitpunkt denn schon Gedanken über die Mongolei gemacht ... außer den Teenagern auf der Suche nach einem Sommereinsatzziel? Mit der Mongolei verband man doch bestenfalls Dschingis Khan und seine wilden Reiterhorden. Und nun das:

Wie es begann? Das ist eine echt verrückte Geschichte! Unsere Teenager hatten einen Sommereinsatz geplant, und zwar ausgerechnet in die Mongolei! Ich dachte: „So ein Unsinn! Was wollen die denn am Ende der Welt?" In dieser Zeit hatte ich nachts einen Traum: Ich stand vor einer riesigen Menschenmenge und predigte. Der Traum berührte mich zutiefst ... doch ich hatte keine Ahnung, was für Menschen das waren. Kurz darauf bekam ich unerwartet Besuch von einem indischen Missionar. Er schleppte einen ganzen Haufen Alben mit Fotos von seinen Einsätzen an, die er mir zeigen wollte. Plötzlich fiel ein Foto direkt vor meine Nase. Und – was sah ich? Genau die Menschen aus meinem Traum. „Was sind das für Leute?", fragte ich völlig verblüfft. „Ohh, das sind Mongolen! Als wir in der Mongolei waren, haben sich Hunderte zu Jesus bekehrt ..." Und je mehr der Inder erzählte, desto klarer wusste ich: Das ist Gottes Reden.

Unser Weg

Walter musste über diese Geschichte selber schmunzeln. Da hatte Gott ihn so richtig gepackt, und im August 1992 brach ein 20-köpfiges Team auf in die Mongolei. Das Team hatte etliche Hürden und Schwierigkeiten zu überwinden und wäre fast nicht am Ziel angekommen. 8000 km Wegstrecke waren zu überwinden, über Polen nach Nowosibirsk in Russland und von dort weiter nach Olgi, der Bezirkshauptstadt der Westmongolei. Alle Transportmittel, ein mit Hilfsgütern vollbeladener 40-Tonner und zwei weitere Begleitfahrzeuge, hatte unser Freund, ein Lüdenscheider Obsthändler, zur Verfügung gestellt. Schon einen Tag nach der Abreise gab es kurz vor Warschau einen Unfall. Es hatte den Truck erwischt: Der 40-Tonner kippte um! Beinah hätte der Einsatz abgebrochen werden müssen. Aber man rappelte sich auf und weiter ging's. Eine wahrhaft abenteuerliche Fahrt brachte das Team an die Grenze der Mongolei:

Unser Führer lotst uns über 3000 Meter hohe Bergkuppen, durch Zeltdörfer und eine wilde, unglaublich raue, aber wunderschöne Landschaft. Für eine Strecke von 70 km brauchen wir 24 Stunden! In Olgi spricht sich unsere Anwesenheit wie ein Lauffeuer herum – die Leute geben sich in unserem Hotelzimmer (man kann es fast nicht so nennen) die Klinke in die Hand. Sie bekommen Lebensmittel von uns, hören von Jesus; viele empfangen Gebet.

Am Tag drauf geht's zum Bürgermeister, wir brauchen eine Genehmigung zum Abladen der Hilfsgüter. Unsere Dolmetscherin erweist sich (wie alle Mongolen, stellen wir später fest) als geborene Evangelistin. Haarklein erzählt sie ihm alles über Jesus, was sie von uns erfahren hat – die Hilfsgüter gehen dabei völlig unter. Wir erhalten alle Genehmigungen und dürfen sogar mit dem Bürgermeister beten.

Sogar über das Radio können wir die Bevölkerung zu unseren Veranstaltungen einladen, und in den folgenden Tagen predigen wir zu Tausenden von Menschen, die noch nie etwas über Jesus oder den Gott der Bibel gehört haben. Die Offenheit der Menschen ist unfassbar. Mit kindlichem Glauben empfangen sie nur zu gern Gebet, viele erleben körperliche Heilung und über tausend bekehren sich zu Jesus.

Als wir die Rückreise antreten, lassen wir gleich zwei unserer Leute zurück, die erst einmal die neu entstandene Gemeinde weiter betreuen werden.

Unser Weg

Der Rest des Teams kam wohlbehalten wieder in Deutschland an. Damit war der Anfang für viele weitere Einsätze und Hilfsgütertransporte in die Mongolei gemacht. Viele Einzelne fanden sich in der Folge bereit, den Menschen, die hier wie in alter Zeit als Nomaden lebten, das Evangelium zu predigen, für Kranke und Gebundene zu beten und die Liebe Gottes ganz praktisch und unter primitivsten Umständen durch soziales Engagement weiterzugeben. Erst gut eineinhalb Jahre später, im Mai 1994, gingen zwei Mitarbeiter in die Hauptstadt Ulan Bator, um dort dauerhafte Barmherzigkeitsdienste zu etablieren. Im Rahmen der *Get-Ready*-Kongresse wurden in den folgenden zwei Jahren über tausend Kurzzeitmissionare in die Mongolei ausgesandt. Inzwischen leisten 13 westliche „Vollzeitmissionare" und 60 mongolische Mitarbeiter einen großartigen Dienst unter Gefangenen, Straßenkindern, Armen, Obdachlosen und Alkoholabhängigen. Dazu ist eine rege Schulungs- und Gemeindearbeit entstanden mit drei Gemeinden und über 25 Hauskirchen. Der heutige *HELP International*-Dienst verfügt außerdem über ein Zentrum mit Gemeinde-, Schulungs- und Büroräumen und weiteren Häusern, Grundstücken und Mietwohnungen über die ganze Hauptstadt verteilt. Ebenso gibt es mittlerweile viele weitere christliche Organisationen und Hilfswerke und über 180 Gemeinden im ganzen Land. Eine Nation erlebt Transformation, man findet kaum noch jemanden, der nicht von Jesus gehört hat. Vor einigen Jahren war ein französischer Journalist vor Ort. Er schrieb:

> Ich bin in die Mongolei gekommen, um über die Erweckung des Buddhismus zu berichten, aber was ich vorfinde, ist die Geburtsstunde des Christentums.
>
> *Get-Ready-Broschüre*

Wien, Manila, die Mongolei – das waren die ersten Schritte hinaus in die weite Welt. Viele hingegebene Mitarbeiter und die feste Gewissheit, dem Ruf Gottes in die Nationen zu folgen, trugen dazu bei, dass weitere großartige Dienste entstehen konnten – in Bangkok/Thailand, in Nowosibirsk und Omsk/Russland, in China, in Kampala/Uganda, in Kaschmir/Indien und in Texas/USA. Die Schwerpunkte dieser Arbeiten liegen in den Bereichen Drogenrehabilitation, Straßenkinder-, Gefangenen-, Obdachlosenarbeit und Evangelisation.

Hätten Martin und Gila, als sie im Wiedenhof die Befreiung von ihrer Drogensucht erlebten, damals je daran gedacht, dass so etwas überhaupt möglich sein könnte? Und dass Gott sie gebrauchen würde, Teil dieser Entwicklung zu sein? Sie, die nichts vorzuweisen hatten als nur ihre Bereitschaft, sich auf ihn einzulassen? Beide sind heute verantwortlich für *HELP International e.V.*, den 1992 gegründeten weltmissionarischen Zweig der FCJG. Zu ihren Aufgaben gehören nun unter anderem persönliche Betreuung und Verwaltung der ausländischen Dienste und die Gründung neuer Dienstzweige. Bereits Mitte der 90er Jahre gaben sie die Verantwortung für die Mitarbeiterschule in andere Hände ab, um sich voll und ganz dem neuen Aufgabengebiet widmen zu können. Auch das ist keine leichte Sache, zumal sie dem „Rest in der Welt" überwiegend von Lüdenscheid aus zur Seite stehen. Wer weiß wie oft klingelt ihr Telefon heiß, meistens zu unmöglichsten Zeiten, weil irgendwer aus Asien an der Strippe hängt und ganz dringend einen Rat braucht. Dann müssen sie vielleicht mal wieder einen kleinen Brand löschen oder manche Not mit ins Gebet und in die Gemeinschaft vor Ort hineinnehmen ... „Wo zwei oder drei in meinem Namen zusammen sind ..." Zu ihrem Alltagsgeschäft gehört es, stets ein offenes Ohr für die Mitarbeiter zu haben, ebenso wie das Schaffen hilfreicher Strukturen, ohne dabei eine festgefahrene Institution zu werden. Bei allem Bemühen müssen sie doch mit manchen Enttäuschungen fertig werden, denn nicht immer klappt es so wie gewünscht. Auch in der Mission wird nur mit Wasser gekocht. Sei es, dass wertvolle Mitarbeiter aussteigen, weil sich im Team scheinbar unüberwindbare Gräben auftun, sei es, dass Einzelne den Druck in der Fremde nicht mehr aushalten können, dass sich zeigt, dass wohl doch kein tragfähiger Ruf zugrunde lag, oder dass Dinge schlicht und ergreifend falsch angepackt wurden. Martin und Gila bringen das auf einen einfachen Nenner, der ihr Gottvertrauen und ihre Hoffnung deutlich macht:

> Unser Gebet ist es, dass der Heilige Geist uns beweglich und formbar in seiner Hand erhält, indem er uns immer wieder zu sich selbst zieht und uns seine Anliegen aufs Herz legt. Wir müssen lernen, nicht immer alles in der Hand zu haben, und ihm vertrauen, dass er das gute Werk, das er begonnen hat, auch vollendet.

Wir wollen die Werke tun, die er für uns vorbereitet hat, und seine Liebe zu den Nationen bringen, damit ihm alle Ehre zuteil wird. Das ist unsere Berufung. Er schafft immer wieder Neues und findet Möglichkeiten, den Menschen in den verschiedensten Umständen zu begegnen.

Wir dürfen erwarten, dass der Geist Gottes über alle Vorstellungen hinaus eingreift. Vor uns liegt eine aufregende Zeit, menschlich gesehen voller Unmöglichkeiten. Aber wir sind dankbar, in der Abhängigkeit Gottes zu stehen, mit dem uns alle Dinge möglich sind. Wir wollen keine Organisation, sondern sein Reich bauen.

HELP International-Broschüre

ZERBROCHENE TRÄUME

Wie schon erwähnt, gaben Martin und Gila die Schulleitung in andere Hände ab, nämlich die von Thomas und Susanne Barthel, aber nicht bevor Martin im Juni 1998 den ersten Spatenstich für ein neues Gebäude auf der Wislade machte. Dieser Erweiterungsbau war dringend notwendig geworden, da die Schule aus allen Nähten zu platzen drohte. „Mache den Raum deines Zeltes weit und spare nicht ...", das galt auch für die Mitarbeiterschule. Immerhin hatte sie seit ihrem Bestehen einige hundert Schüler aus über zwanzig Nationen beherbergt, von denen etliche nun als Missionare unterwegs waren.

Thomas Barthel hatte etliche Jahre zuvor als junger Mann die MAS besucht und war dann in seine Heimatstadt zurückgegangen, um dort in einem evangelistischen Aufbruch mitzuhelfen. Er heiratete und entschloss sich zurückzukommen, um erst einmal in der Stadtmission und dann kurzfristig als Walters Sekretär im Zentralbüro der FCJG mitzuarbeiten. Als dann die Schule dringend einen neuen Leiter brauchte, zogen er und seine Frau Susanne mit ihren zwei Söhnen auf die Wislade und übernahmen dort die Verantwortung.

Die Mitarbeiterschule veränderte sich und wurde zum Schulungszentrum der FCJG: Neben der elf Monate laufenden MAS hatten sich zusätzliche Angebote wie eine 6-monatige Halbtagsschule, mehrwöchige Kurse im Sommer und manches andere entwickelt, viele Gastlehrer aus dem In- und Ausland prägten das Bild mit.

Wachstum und Erweiterung geschah aber auch in allen anderen Arbeitsbereichen. Mitarbeiter wechselten, neue kamen dazu, Hilfsbedürftige, Praktikanten und Gäste kamen und gingen, auf die ganze Stadt verteilt entstanden Wohngemeinschaften, mehr Wohnraum wurde benötigt, sowohl im Wiedenhof, im Missionshaus, der stadtmissionarischen Arbeit, im Teenager-Zentrum als auch beim CHAMP.

Jetzt war für Familie Nesovic die Zeit gekommen, den Wiedenhof zu verlassen und mit Sack und Pack und CHAMP und Öffentlichkeitsarbeit ein neues Domizil zu beziehen. Im Haus der ehemaligen Reha-Nachsorge-WG in der Lessingstraße war genug Platz für Redaktion und Büro und für die dreiköpfige Familie. Auch die CHAMP-Mitarbeiter waren über diese Lösung glücklich, mittlerweile waren es ja insgesamt sechs an der Zahl: zwei für die Grafik, zwei für's Redaktionelle, Nikola hatte die Übersicht und Ilona erledigte Büro und Aboverwaltung:

> Jeden Donnerstagabend war ich *on the road*: Düsseldorf – Lüdenscheid – Düsseldorf. Ich nahm an der Jüngerschaftsschule der FCJG teil. Als die zu Ende war, fragte ich mich: „Wieder zurück ins normale Leben wie vorher?" Nee, das wollte ich nicht. Und Gott scheinbar auch nicht. In einem Gottesdienst sprach er glasklar, dass ich mich der FCJG in Lüdenscheid anschließen solle. Okay, kein Problem! Ein, zwei Jahre und dann geht's weiter. Ich hatte es nie länger als gute zwei Jahre an einem Ort ausgehalten. Es lief, so lange es lief, und wenn nicht mehr, dann packte ich kurzerhand meine Sachen und war weg. So ähnlich stellte ich es mir auch in Lüdenscheid vor, nur jetzt eben irgendwie heilig. Schließlich hatte ich ja die Jüngerschaftsschule hinter mir und wusste, wie's läuft. Ich sollte mich noch ordentlich wundern …
> Noch ehe ich da war, nahmen Nikola und Sylvia Kontakt zu mir auf. Ob ich mir vorstellen könne, im CHAMP mitzuarbeiten. Ich kannte dieses Teenie-Mag, also warum nicht? So stieg ich beim CHAMP ein und war mittendrin in der FCJG. Ehrlich gesagt hatte ich null Ahnung, worauf

ich mich da eingelassen hatte. Das hier hatte nicht nur mit meiner Arbeit und meinem Können zu tun, es ging an meinen Charakter. Mehr als einmal bin ich deftig an meine Grenzen gekommen, hätte am liebsten die Kaffeetasse gegen die Wand gepfeffert, nur damit es kracht, ich bin ja nicht umsonst Halbitalienerin. Aber gesagt habe ich natürlich nichts, so lange, bis es nicht mehr ging und alles Aufgestaute nur so rausbrach. Oh Gott, wie peinlich, aber diese Prozesse haben mich geformt und dazu beigetragen, dass ich heil werden konnte. Noch heute höre ich Nikola sagen: „Es ist gut, dass das alles mal rauskommt, nur so kannst du heil und echt werden."

Mit Nikola verstand ich mich übrigens prima. Er, der Kroate, und ich, die Halbitalienerin. Allerdings hatten wir sehr unterschiedliche Ansichten, was Ordnung, Ablage usw. anging. Einmal bat mich Nikola seinen Schreibtisch etwas aufzuräumen. Ha, meine Stunde war gekommen. Die Papierstapel verschwanden einer nach dem anderen. Zum Schluss blieben nur noch allgemeines Büromaterial wie Locher, Tacker, Stifte, Radiergummi usw. übrig. Als Nikola kam, präsentierte ich ihm voller Stolz mein Werk. Er wurde kreidebleich: „Was hast du gemacht? Wo sind meine Sachen? Ich wollte doch nur, dass du etwas aufräumst." Na ja, hatte ich doch ... Wann immer ich nach dieser Begebenheit eine Aufräumaktion in unserem Büro ankündigte, war sein einziger Kommentar: „Wo immer du willst, aber dieser Schreibtisch ist tabu!" Das war nur eine von vielen lustigen Begebenheiten, über die wir immer wieder herzhaft lachen konnten.

Von Nikola habe ich sehr viel gelernt – vor allem, was Gnade ist. Immer wenn man sich bei Nikola entschuldigt und um Vergebung gebeten hat, rannte man offene Türen ein und hat tonnenweise Gnade gewährt bekommen. Bis heute denke ich daran, es hat mich und meinen Umgang mit anderen geprägt.

> Ich bin dankbar, in der FCJG sein zu dürfen, mit aufzubauen, abzugeben, neu anzufangen, vorwärts zu gehen. Das, was ich heute bin, bin ich durch die Gnade Gottes und durch die Menschen, die er mir zur Seite gestellt hat.
>
> *Ilona Piras*

Nun wurde in Windeseile renoviert, geräumt und eingerichtet, damit der Betrieb ohne große Verzögerung weiterlaufen konnte. Der CHAMP lief allerdings nicht so wie erhofft. Große Hürden waren zu nehmen: hohe Druckkosten, die zu geringe Anzahl an Abonnenten, das in mancher Hinsicht fehlende Know-how, und vor allem musste ein Computer für die Grafik her. Nun hieß es wieder beten. Als dann eine große Geldsumme einging, konnten mit einem Schlag alle Schulden bezahlt und die nötigen Anschaffungen getätigt werden. Auch halfen viele Freunde mit Rat und Tat, schalteten Werbeanzeigen, schrieben Artikel, abonnierten mehrere CHAMPS zum Weitergeben und, und, und. Solche Dinge ermutigten und halfen den Mitarbeitern, mit Freude, Elan und Hingabe weiterzumachen. Die Teenies selber aber waren die größte Ermutigung, ihre Feedbacks gaben Auftrieb:

„Hey Leute, super Mag!"

„CHAMP hat mich im Glauben echt weiter gebracht!"

„Ich hab den CHAMP in die Hände gekriegt und jetzt glaub ich an Jesus!"

„CHAMP gebe ich meinen Freunden, was sonst?!"

Das war die eine Seite, die andere war ganz anderer Natur. Dazu Sylvia:

> Kurz nach Erscheinen der zweiten CHAMP-Ausgabe Ende 89 ereignete sich etwas, was seitdem bedrohlich über uns hing. Es war wenige Tage vor Weihnachten: „Bleiben Sie hier in der Praxis liegen, ich lasse sofort den Krankenwagen

kommen. Sie gehören auf dem schnellsten Weg ins Krankenhaus!" Wir waren beide geschockt. Nikola war kaum in der Aufnahme des Krankenhauses angekommen, da ging es auch schon mit unglaublicher Heftigkeit los. Zum ersten Mal sah ich, wie aus dem Mund eines Menschen große Mengen Blut förmlich herausstürzten. Schock und Panik! „Hilfe! Schwester! Frau Doktor!" Ich wurde rausgeschickt und wartete, vielleicht die längsten Minuten meines Lebens, ich weiß es nicht mehr. Angst, Sorge, Unverständnis und tausend Fragen jagten durch meinen Kopf. „Warum? Was ist los? Nikola darf nicht sterben!" Innerlich schrie ich alles Mögliche zu Gott. War es denn noch nicht genug? Erst vor vier Jahren, auch an Weihnachten, hatte ich doch mit der Diagnose „Krebs" zurechtkommen müssen. Nach Operation und Bestrahlung war ich, soweit man das nach vier Jahren schon sagen konnte, gesund aus der Geschichte rausgekommen. Und jetzt das! Irgendwann konnte ich Nikola dann in seinem Krankenzimmer besuchen. Er war in gute Hände gekommen und nach wenigen Tagen stand die Diagnose fest: Hepatitis C mit beginnender Leberzirrhose, daher die Varizenblutungen (aus Krampfadern in der Speiseröhre), nicht heilbar, hoffentlich zu stoppen. Das tatsächliche Ausmaß der Erkrankung hatte zu diesem Zeitpunkt niemand wirklich abschätzen können.

Ziemlich genau acht Jahre später, kurz nach Weihnachten 1997, standen unser Sohn David und ich an seinem Grab. Um uns Hunderte von Menschen: Eine ganze Gemeinschaft und viele Freunde nahmen Abschied. Die Anteilnahme der Gemeinschaft, der Trost engster Freunde, die Gebete lieber Glaubensgeschwister trugen mich. Neben der tiefen, tiefen Trauer empfanden wir auch die Auferstehungskraft und den Frieden Gottes.

Dennoch blieben viele Fragen. Wo war die Kraft all der Gebete, die weltweit für ihn gesprochen worden waren?

Was war mit den vielen Eindrücken lieber Geschwister, die alle auf Leben und nicht auf Tod hinwiesen? Was blieb übrig von all dem, was ich selbst gebetet hatte? Bei dieser Krankheitsgeschichte waren wir an unsere Grenzen gekommen. Es war schrecklich, unfassbar, dass Nikola tatsächlich so früh sterben würde, und wir alle wussten mit der Situation nicht recht umzugehen. Ich selbst hatte die fast unhörbare Ahnung in meinem tiefsten Innern voller Grauen und Panik und in vermeintlicher Glaubensstärke niedergedrückt und gebetet: „Nein, Gott, alles darf passieren, aber *das nicht!*" Was war mit all den Verheißungen, er würde nicht sterben, sondern leben? Hatte sich das nur auf die vergangenen, „geschenkten" acht Jahre bezogen? Wer weiß das? Bis heute kann ich – können wir – all diese Fragen nicht beantworten. Aber wir lassen sie stehen. Bitterkeit ist nicht zurückgeblieben. Wir hören nicht auf, im Vertrauen auf Gottes Treue um Heilung für Kranke zu beten, ganz im Gegenteil.

Kurz vor seinem Tod hat sich Nikola in *Unser Weg* noch einmal selber geäußert:

Jesus allein.
Einst gab's eigne Pläne – jetzt heißt's: Nicht mehr ich!
Einst macht' ich mir Sorgen – jetzt sorgt er für mich.
Einst galt's meine Wünsche – jetzt, was Jesus will.
Einst fragt' ich: Warum nur? Jetzt bin ich ganz still.

Vor acht Jahren stellten der Arzt bei mir eine autoaggressive Leberzirrhose fest. In *Unser Weg* habe ich vor einiger Zeit ein persönliches Zeugnis geschrieben, wie ich mit meiner Krankheit umgehe. Das hat etlichen Mut und Hoffnung für ihre eigene Situation gegeben. Etliche haben sich bei mir bedankt und viele haben seither für mich gebetet.

Nun schreibe ich erneut über meinen Gesundheitszustand, denn vor etwa vier Wochen wurde ich nach einem körperlichen Zusammenbruch ins Krankenhaus eingeliefert. Zwei Tage lang war mein Zustand bei über 40°C Fieber so kritisch, dass es fraglich schien, ob ich überleben würde. Wenn ich diese Zeit beschreiben soll: Es war, als steckte ich in einer dunklen Röhre, in der ich dumpf die Stimmen des Pflegepersonals, meiner Frau und meiner engsten Freunde wahrnahm.

Jetzt bin ich wieder zu Hause, immer noch ziemlich geschwächt, so dass ich aus all meiner Arbeit und allen Aktivitäten herausgenommen bin. Mein tägliches Leben ist Zentimeterarbeit, der Erholungsprozess ein tägliches Auf und Ab.

In all den Jahren meiner Krankheit wurde immer wieder für mich gebetet, dass Gott eingreift und mich souverän heilt. Dieses Wunder ist bislang nicht geschehen, obschon ich in dieser Zeit oft erlebt habe, wie Gott Gnade gegeben und Linderung geschenkt hat.

Ich weiß, ich kann Heilung nicht von Gott erzwingen, und ich fühle mich in meiner Situation getragen von seiner Liebe. Dennoch glaube ich ihm und seinem Wort und hoffe weiterhin darauf, dass Gott übernatürlich eingreift.

Solange sich jedoch diese Heilung nicht deutlich abzeichnet, bleibt mir nur noch eine einzige Möglichkeit, um weiterzuleben: eine Lebertransplantation. Ein solcher Eingriff ist mit extrem hohen Risiken verbunden, und es fällt mir nicht leicht, mich zu diesem Schritt zu entschließen.

Das Wort aus Joh. 21,18 ist mir während meines Krankenhausaufenthaltes und in der Zeit danach sehr wichtig geworden: „Als du jünger warst, gürtetest du dich selbst und gingst, wohin du wolltest. Wenn du aber alt wirst, wirst du deine Hände ausstrecken und ein anderer wird dich gürten und führen, wo du nicht hin willst." – Alles was ich sagen kann, ist: „Herr führe mich."

> Ich möchte mich bei allen bedanken, die auch in jüngster Zeit für mich gebetet und gefastet haben (sogar in Österreich, Kroatien, Schweden, den USA, Hongkong etc.).
>
> Auch für die nächsten Menschen, die Gott an meine Seite gestellt hat, bin ich so sehr dankbar. Zuallererst für meine Frau Sylvia, für die FCJG-Leiterschaft (besonders für Walter und Irene Heidenreich) und für viele andere.
>
> Nun bitten wir, Sylvia und ich, weiterhin um Fürbitte.
>
> *Unser Weg*

Ein Jahr nach Nikolas Tod wurde der CHAMP aufgegeben. Es war nicht gelungen, die Lücke, die Nikola hinterlassen hatte, zu schließen. Annähernd zehn Jahre lang hatte die FCJG durch das Magazin viele Jugendliche mitprägen dürfen. Bis heute trifft man Einzelne, die von den positiven Auswirkungen, die das Magazin auf ihr Leben hatte, erzählen.

Nicht Kopf, sondern Herz

Wie schon erwähnt, war ein zweiter Teenager-Kongress bereits „in der Mache", Veranstalter waren dieses Mal neben der FCJG auch JmeM Deutschland, die Anskar-Kirche in Hamburg und die GfU (Gemeinde für Urchristentum) aus der Schweiz. Als es im Mai 1991 dann so weit war, rückten 2100 Teenager in der Lüdenscheider Schützenhalle an und 400 Mitarbeiter sorgten dafür, dass alles gut lief. Die Auswirkungen, die dieser Kongress auf das Leben vieler Teilnehmer hatte, waren bemerkenswert. Es hagelte förmlich positive Rückmeldungen begeisterter junger Menschen, die an den vier Kongresstagen nicht nur tolle Gemeinschaft erlebt hatten, sondern für die das Bibelwort aus Jeremia 1,7: „Sage nicht: *Ich bin zu jung*" praktisch wurde. Etliche waren nach dem Kongress zum Beispiel bei Einsätzen in Rumänien, auf den Philippinen und in verschiedenen Städten Deutschlands dabei.

Die 90er Jahre brachten aber nicht nur riesige Teenager-Kongresse, für die FCJG waren sie geprägt von einer Fülle an Seminaren und Konferenzen, zu denen zigtausende von Menschen vieler Nationen und fast aller christlicher Denominationen zusammenkamen. Gehörte nicht auch das zu der Berufung der ganzen Gemeinschaft – sich mit aller Kraft für das Einswerden der Kinder Gottes einzusetzen? Und das nicht im Alleingang, sondern möglichst im Schulterschluss mit Glaubensgeschwistern. Konkret: Die Gemeinschaft organisierte nicht nur eigene Großveranstaltungen, sondern investierte sich genauso in die von anderen, zum Beispiel den weltweiten „Marsch für Jesus" 1992 und 1994 oder den europäischen Teenager-Kongress *Your Kingdom Come* in Recklinghausen, um hier nur einige zu nennen.

Der erste „Marsch für Jesus" in Berlin, bei dem die FCJG die Organisation abdeckte, sollte die geistliche Atmosphäre in Deutschland verändern. Mehr als 60.000 Christen aller Couleur marschierten durch Berlin, vom Osten in den Westen – eine Demonstration der Einheit, ein Tag der Versöhnung, Heilung und Anbetung.

Ein sicherlich herausragendes Ereignis in dieser sehr schwungvollen Weiterentwicklung war die Worship-Konferenz *In Your Presence* im Juni 1993. Dieses Projekt war in jeder Hinsicht mehr als herausfordernd für alle:

> Gott ruft sein Volk zusammen, denn er möchte, dass es viel Zeit in seiner Gegenwart verbringt. Er hat uns eine ganz neue Salbung der Anbetung verheißen, und viele Gruppen im Leib Christi haben dieses Reden vernommen! Es ist offensichtlich, dass die unterschiedlichsten Anliegen des Geistes Gottes, so zum Beispiel Fürbitte, geistlicher Kampf, proklamativer Lobpreis, Evangelisation, Gemeindeerneuerung und -neugründung im Land aufgenommen und umgesetzt worden sind. Gottes Ruf: „Kommt in meine Gegenwart und betet mich an!" wird sein Volk in eine neue Dimension des Glaubens hineinführen. Darum wollen wir während der Worship-Konferenz viel Zeit in der Anbetung und der Offenheit für das Wirken des Heiligen Geistes verbringen und erwarten ein einzigartiges Erleben der Liebe und der Offenbarung Gottes.
>
> Das wird die unterschiedlichsten Auswirkungen haben:
>
> Prophetisches Reden und entsprechendes Handeln werden freigesetzt.

Der Geist Gottes wird Reinigung, Erneuerung und Heiligung bewirken.

Heilung und Befreiung werden geschehen.

Gott, der Vater, wird uns in eine tiefe Geborgenheit hineinführen.

Wir werden Versöhnung untereinander erleben, „... damit sie alle eins seien. Wie du, Vater, in mir bist und ich in dir ..." (Joh. 17,21).

Der Heilige Geist wird uns neu salben zum Dienst aneinander und an der verlorenen Welt.

Wir werden Jesus feiern. Der Name Jesus soll verherrlicht werden.

Unser Weg

In diesem Artikel hatte Walter das formuliert, was nicht nur er, sondern die ganze FCJG von dieser Konferenz erwartete: dreieinhalb Tage lang in Gottes Gegenwart anbeten, ihn erfahren, nicht „Kopfprogramm", sondern Herzensangelegenheit. Das wurde zusammen mit über 4.500 festen Teilnehmern fast eins zu eins umgesetzt. Dazu trugen auch Anbetungsleiter wie Brian Doerksen, Andy Park, Craig Musseau und viele andere bei.

Während der gesamten Konferenz betete ein eigens zusammengestelltes Fürbitteteam rund um die Uhr, jede Nacht blieben mehrere Mitarbeiter als Nachtwache auf dem Gelände, überhaupt war eine ausgeklügelte Organisation nötig. Trotzdem passierten hinter den Kulissen auch Pannen. So machte das Ordnungsamt Schwierigkeiten aufgrund der Lautstärke – schon beim Soundcheck! Also musste kurz vor Konferenzbeginn noch ganz schnell eine riesige Mauer aus Strohballen als Schallschutz aufgebaut werden.

Salopp gesagt: Es gab ein Leben vor und nach der Konferenz. Auswirkungen waren zum Beispiel der Anbetungsgottesdienst *Come to the Light*, der bis heute zweimal pro Jahr in der Lüdenscheider Schützenhalle mit etwa 2.000 Teilnehmern gefeiert wird. Und in gewisser Weise war die *Worship-Konferenz* Wegbereiter für eine weitere Anbetungsveranstaltung in noch größerem Ausmaß: das *Revival Worship Event* zur Jahrtausendwende in Karlsruhe. Hier kamen etwa 10.000 Menschen drei Tage lang zusammen, um 72 Stunden nonstop in der Anbetung Gottes zu verbringen und ein neues Jahrtausend auf den Knien zu beginnen.

> *Anbetung – unsere Berufung:* Als wir uns vor zwei Jahren entschlossen haben, eine weitere Anbetungsveranstaltung zu organisieren, taten wir es in dem Wissen, dass es nicht nur uns als Gottes Kindern, sondern dem Vater selbst eine große Freude sein würde. Denn nichts liegt ihm so am Herzen, wie mit seinen Kindern Gemeinschaft zu haben, ihnen nahe zu sein. Wenn wir ehrlich sind mit uns selbst und vor Gott, müssen wir zugeben, dass wir sehr oft nur das sehen, was vor unseren Augen ist, das, was sich auf der horizontalen, der menschlichen Ebene abspielt. Aber da gibt es eine andere, eine göttliche Ebene, wo wir frei sein können von dem täglichen Einerlei, wo unsere Seelen Frieden finden können, wo wir durch den Heiligen Geist befähigt werden, hinter die Kulissen zu schauen. Auf dieser Ebene erahnen wir Gottes Gedanken, erkennen seinen Willen und erfassen Zusammenhänge, die unseren Verstand übertreffen. In Johannes 4,23-24 steht, dass es der Wille des Vaters ist, dass wir als seine Kinder Anbeter sein sollen, die ihn im Geist und in der Wahrheit anbeten. Anfang dieses Jahres waren mein Mann und ich auf einer Konferenz in Manila, wo wir unter anderem auch eine intensive Gebetszeit für das *Worship Event 2000* in Karlsruhe abhielten. Während ich dort stand und tief im Gebet versunken war, fing ich auf einmal an, unkontrolliert zu weinen und ich empfand eine tiefe Verbundenheit mit Jesus. So fragte ich ihn: „Jesus, was willst du denn eigentlich? Was soll während dieser Konferenz geschehen?" Und ich vernahm in mir seine Stimme, die sagte: „Das, was ich immer gewollt habe. Deswegen bin ich auf die Welt gekommen. Darum habe ich als Mensch

gelebt, habe Wunder getan, mich verleugnen lassen, habe die Sünden der Welt auf mich genommen und habe gelitten bis zum Tod am Kreuz. Mein einziges Trachten war und ist es, meinem himmlischen Vater zu gehorchen und ihn zu verherrlichen." Genau das wollen wir tun während des *Worship Event 2000* in Karlsruhe [...]: Unserem gemeinsamen Vater im Himmel die bedingungslose Anbetung geben, die nur ihm alleine gebührt.

Irene Heidenreich, Unser Weg

Eingebettet in diese großen Events am Anfang und Ende eines Jahrzehnts gab es noch viele weitere kleinere und größere Veranstaltungen. Da waren die *Get Ready*-Missionskongresse, die die FCJG sowohl in Lüdenscheid als auch in der Schweiz und der Mongolei durchführte, später folgten noch die *Apostolic Passion*-Missionskonferenzen sowie der Missionskongress *History Maker* in Dortmund.

Natürlich lebte die Gemeinschaft jetzt nicht von einer Veranstaltung zur nächsten, das Leben ging trotz all dieser großen Herausforderungen weiter. Die einzelnen Dienste wurden nicht einfach nur aufrechterhalten, sondern sogar ausgebaut. Immer mehr Mitarbeiter kamen dazu, weiterhin wurden viele Hilfsbedürftige aufgenommen, und die Hingabe an die Armen und Bedürftigen durfte nicht vernachlässigt werden.

Und noch ein neuer Dienstzweig entstand: die „Kirche im Wohnzimmer" für die, die nach einem Ausdruck geistlichen Lebens suchten, so wie sie es in der FCJG kennen gelernt hatten, die sich aber dem missionarisch-diakonischen Werk nicht anschließen wollten oder konnten – Berufstätige, Familien etc.

Da gibt es z. B. Glaubenskurse für Menschen, die gerade eine Entscheidung für Jesus getroffen haben, Alpha-Kurse und evangelistische Abende; mitten in der Stadt wurde ein Ladenlokal angemietet, offen für jeden mit Gesprächsbedarf oder auch einfach nur

Kaffeedurst. Zweimal im Monat wird der *Foundry*-Gottesdienst gefeiert. Die Geschäftsleute Axel und Angela Wendt sind zusammen mit einem Team verantwortlich für den neuen Dienst:

> Mit dem Beginn der *Foundry*-Hauskirchenbewegung hat sich unser Herzenswunsch erfüllt, Menschen zu sammeln, mit ihnen Gemeinschaft zu haben und sie in ihrem Glaubensleben weiterzuführen, um auf diese Weise unsere Stadt zu erreichen. Bei dem Aufbau der ersten *Foundry*-Gruppen stiegen wir voll mit ein. Es begeistert uns immer wieder neu, an vielen Beispielen zu sehen, wie Menschen gerettet werden und von Gott neue Lebensperspektiven bekommen.
> *Axel und Angela Wendt*

Wachstum erfordert eine entsprechende Anpassung der Strukturen. Das ging auch der FCJG nicht anders: Nach ihrer „Explosion" in den 90ern war sie an einem Wachstumsknoten angelangt. Statt eine lebendige, flexible Bewegung zu bleiben, drohte der Gemeinschaft eine gewisse Institutionalisierung. Die Verwaltung der verschiedenen Dienste brauchte immer mehr Personal und Verwaltungsaufwand. Das musste sich ändern. Was tun? 2001 wurde ein Modell entwickelt, das diesen Knoten löste – eine der seit Bestehen des Werkes wichtigsten Veränderungen: Die FCJG wurde dezentralisiert in einzelne Projektvereine (deckungsgleich mit den Dienstbereichen), was für mehr Transparenz nach innen und außen sorgte. Die Vorstandsmitglieder der Projektvereine waren gleichzeitig die geistlichen Leiter des jeweiligen Dienstes, und jeder einzelne Verein trug jetzt ein großes Maß an Eigenverantwortung, auch in finanzieller Hinsicht (Spenderkreis, Öffentlichkeitsarbeit). Diese Veränderung ermöglichte der FCJG einen weiteren großen Schub nach vorne.

Das neue Jahrtausend kündigte sich nicht nur mit dem *Revival Worship Event* an, es bescherte der FCJG noch einen weiteren Dienst, der dem ganzen bunten Gottesvolk zugute kommen sollte. Aus dem ehemaligen Sportplatz des Schulungszentrums Wislade wurde der „Gebetsberg für die Nationen". Israels besonderer Platz in der Welt sowie die Verbundenheit mit dem auserwählten Volk Gottes inspirierte auch die Gestaltung des „Gebetsweges". Ebenso ist das erst kürzlich auf dem Berg entstandene „Haus des Gebets" für jedermann geöffnet, der sich in Ruhe und Abgeschiedenheit dem Gebet widmen möchte.

Als meine Familie im Sommer 1964 von Slowenien nach Deutschland zog, begann für mich eine schlimme Zeit: Ich konnte kein Wort Deutsch, wurde wegen meines slowenischen Namens gehänselt und war als Einzelkind mit berufstätigen Eltern vollkommen auf mich allein gestellt. Mit 16 Jahren wandte ich mich Jesus Christus zu und bat meine Eltern um Vergebung für die Dinge, die ich ihnen in meiner Rebellion angetan hatte. Ich wollte ihnen auch vergeben, was mich verletzt hatte, doch ein Gespräch darüber war nicht möglich. So sprach ich ihnen vor Gott und Zeugen Vergebung zu. Doch die Bitterkeit und der Schmerz nagten weiter an mir. Viele Jahre hatte ich alles verdrängt. Inzwischen 42 Jahre alt, sechsfacher Vater und Großvater, holte mich meine Vergangenheit letztes Jahr mit Macht ein.

Ich war mit meiner Tochter unterwegs von Norddeutschland nach Österreich, unserem Zuhause. Sie meinte, sie würde gerne mit mir beten – und zwar auf dem Gebetsberg der FCJG in Lüdenscheid. Das lag auf dem Weg, also dachte ich mir: „Okay, wenn sie das will …" Es war schon dunkel und regnete in Strömen. Nass bis auf die Knochen kamen wir auf dem Berg an. Meine Tochter fing an zu beten und ihr gesamtes Leben vor Gott und vor mir ins Reine zu bringen. Das war für mich als Vater einfach unglaublich. Noch nie habe ich die Gegenwart des Heiligen Geistes so stark erlebt wie in diesem Augenblick. Und plötzlich wusste ich: Jetzt bin ich an der Reihe. Nach all den Jahren war ich in der Lage, meinen Eltern aus der Tiefe meines Herzens zu vergeben. Seit diesem Augenblick haben Bitterkeit und Verletzungen keine Macht mehr über mein Leben.

M.K., Unser Weg

Verantwortlich für diese Arbeit der FCJG ist Helmut Diefenbach, der den stadtmissionarischen Dienst, dem er und seine Frau viele Jahre vorgestanden hatten, in andere Hände abgab.

Mit diesem Gebetsberg ist ein Ort der Begegnung mit dem lebendigen Gott entstanden und jeder Einzelne, Gruppen und Gemeinden sind zum Beten auf dem Berg eingeladen.

> Internationaler Gebetsberg: Seit 400 Nächten beten wir nun für Erweckung in Stadt und Land und Gott gibt einen immer größeren Hunger nach Gebet, so dass wir diese Gebetsnächte jetzt zum 24-Stunden-Gebet erweitern wollen. Im Januar dieses Jahres waren Walter Heidenreich, Martin Rohsmann und Helmut Diefenbach in Uganda, wo zur Zeit Erweckung ist. Ihr Anliegen: Anteil an der gewaltigen Gebetsbewegung zu bekommen, die dieses Land völlig verändert hat. Durch die Eindrücke in Uganda ermutigt, wollen wir nun den Berg der Wislade (Schulungszentrum der FCJG) als Gebetsberg freisetzen! Auf dem Gelände des Sportplatzes soll ein Ort des Gebets und der Anbetung für Deutschland und die Nationen entstehen. Im Rahmen der Osterkonferenz *Apostolic Passion* wird John Mulinde aus Uganda mit uns zusammen – auf der Wislade! – den Startschuss für das 24-Stunden-Gebet geben! Wir sind dankbar für den Gebetsaufbruch, den wir zur Zeit auch in unserem Land sehen können, und für etliche Gemeinden Deutschlands, die bereits in ein 24-Stunden-Gebet involviert sind. Hier klinken wir uns ein!

Helmut Diefenbach, Unser Weg

Mittlerweile haben Tausende von Christen den Gebetsberg besucht und u. a. für die Nationen gebetet. Es werden Leitertreffen auf lokaler, nationaler sowie internationaler Ebene veranstaltet. Dadurch findet eine Vernetzung von Bewegungen, Gruppen, Gemeinden etc. statt. Auch sind viele missionarische Teams von hier ausgesandt worden. In den Jahren 2003 und 2004 gab es als besonderes Highlight den *Summer of Love*: drei Monate lang wurden ganz unterschiedliche Veranstaltungen angeboten – Gebetsabende, Seminare und Kongresse. Tausende von Besuchern bevölkerten den Gebetsberg auch bei Wind und Wetter und füllten das eigens errichtete Riesenzelt immer wieder – da lag Erweckung in der Luft.

―――――

Hier endet das Buch über die bisherige Geschichte einer Bewegung, der sich in drei Jahrzehnten viele Einzelne angeschlossen haben. Es ist nicht die Geschichte herausragender, außergewöhnlicher Menschen, auch wenn viele genau das sind. Es ist die Geschichte von ehemaligen Drogenfreaks, von Hippies und von ganz normalen Leuten. Ihnen allen war eines gemeinsam: die Bereitschaft, sich mit Haut und Haaren auf Gott einzulassen.

Als sich aus der *Hippie-/Flower-Power*-Kultur der 1960er und 70er Jahre Millionen Jugendliche weltweit zu Jesus bekehrten, ahnte kaum jemand, dass dies – global gesehen – die wohl größte Ausgießung des Heiligen Geistes der Kirchengeschichte werden würde. Bis heute prägen diejenigen, die damals zum Glauben an Jesus fanden, das weltweite Missions- und Gemeindegeschehen. Auch die Entstehung der FCJG geht auf diese Zeit zurück. Von Anfang an hat uns Gott berufen, das Evangelium unters Volk zu bringen, damit Menschen von Jesus hören und persönlich die Liebe und Kraft Gottes in ihrem Leben erfahren. Wichtige Elemente hierbei sind für uns gemeinsames Leben, Evangelisation und Diakonie, Vermittlung christlicher Werte, Dienst am Leib Christi, Kinder- und Jugendarbeit sowie Weltmission. In allem ist unser Ziel, dass Menschen wiederhergestellt, gefördert und letztendlich selbst zu Menschenfischern werden. Dieser Auftrag durchzieht unsere nunmehr 30-jährige Geschichte wie ein dicker roter Faden. Gott ist der Herr der Geschichte – jedes Menschen, jeder Familie – ja, ganzer Völker, Nationen und seiner Kirche! Deshalb ist er auch Initiator und Herr all dessen, was heute FCJG, HELP International und Foundry heißt. Immer und immer wieder haben wir Gottes Wunder wirkende Kraft in unserer Gemeinschaft und unseren Diensten erleben dürfen. Doch das größte Wunder ist und bleibt, wenn die Liebe Gottes das Herz eines zerbrochenen Menschen ohne Hoffnung erreicht und sich dessen Leben ändert. Jemand hat einmal gesagt: „Jesus hat uns nicht erwählt, weil wir etwas sind, sondern weil er etwas aus uns machen will." Das gilt ungeachtet des sozialen Standes oder der Herkunft eines Menschen. Die Liebe Gottes ist überfließend für alle da.

Wir schauen zurück auf 30 Jahre FCJG – voll der Güte und Treue Gottes. Gleichzeitig blicken wir nach vorne – auf Jesus und die Zukunft, denn wir wissen: Das Beste kommt noch! In all den Jahren bestand unsere größte Herausforderung darin, treu und hingegeben dem Auftrag Gottes nachzukommen, nicht von äußeren Möglichkeiten oder Not getrieben zu werden, sondern uns vom Geist Gottes führen zu lassen. Häufig mussten wir innehalten und uns auf unseren Auftrag zurückbesinnen. Wir sind für die vielen Wegbegleiter und Mitarbeiter aus dem In- und Ausland von Herzen dankbar. Wir genießen die wunderbare Vielfalt des Leibes Christi, die uns in allem sehr wichtig ist. Die Kraft, diese Welt zum Besseren zu verändern, liegt in der Ergänzung, nicht in der Abgrenzung. Der Segen Gottes fließt da, wo Herzen in Einheit zusammen sind (Psalm 133).

Wir lassen uns gerne von anderen Abteilungen des Reiches Gottes dienen, dienen ihnen gerne und sind dankbar voneinander lernen zu dürfen, damit der Segen Gottes zu den Völkern fließen kann. Das Schlimmste in dieser Welt ist die Sünde – das Beste ist die Erlösung durch Jesus, des Gekreuzigten, Gestorbenen und Auferstandenen! Gegründet auf Gebet und Anbetung werden wir weiter das Evangelium von der Kraft und der Liebe Gottes in Wort und Tat verkündigen, denn wir schämen uns des Evangeliums nicht (Römer 1,16).

Unser Weg

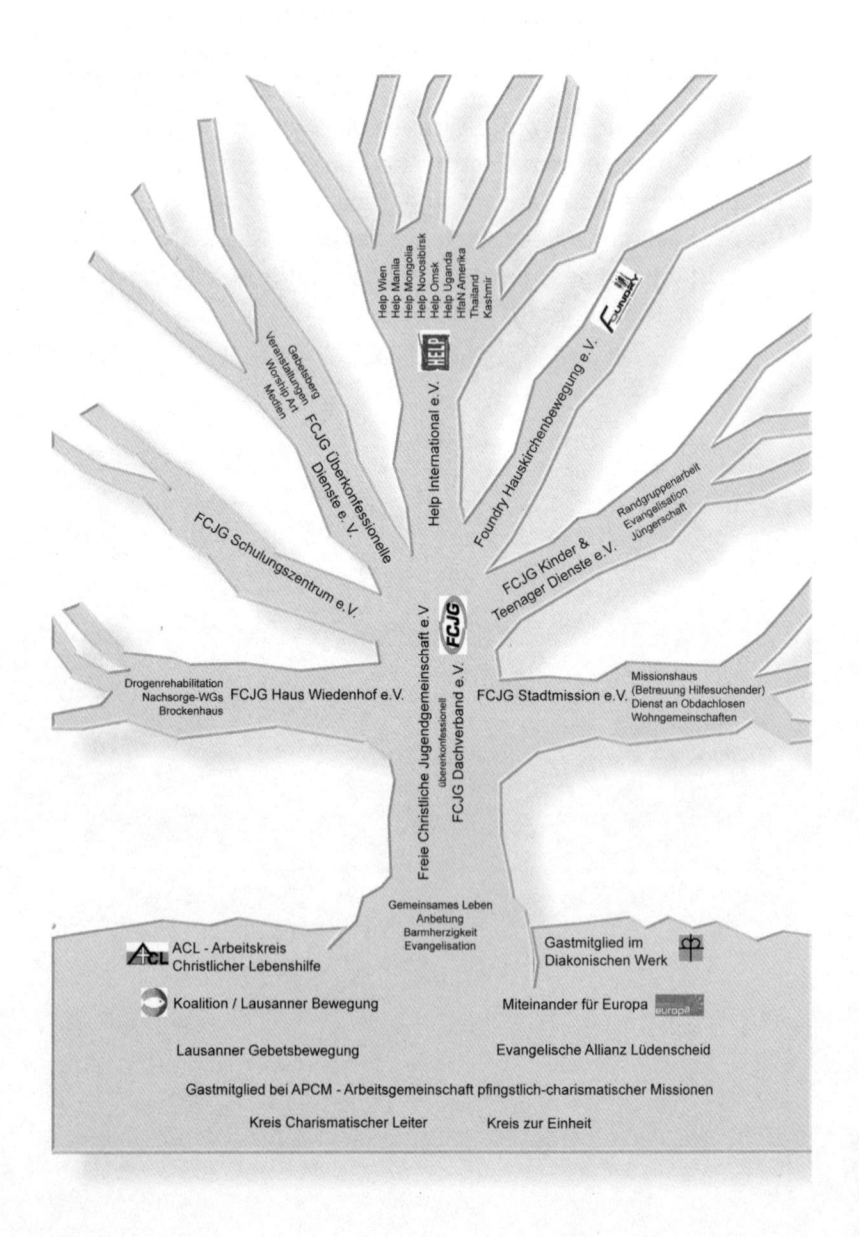

116 / Unser Weg. Das Buch

Help Wien
Help Manila
Help Mongolia
Help Novosibirsk
Help Omsk
Help Uganda
HfaN Amerika
Thailand
Kaschmir

Help International e.V.

Gebetsberg
Veranstaltungen
Worship Art
Medien

FCJG Überkonfessionelle Dienste e.V.

Foundry Hauskirchenbewegung e.V.

Randgruppenarbeit
Evangelisation
Jüngerschaft

FCJG Kinder & Teenager Dienste e.V.

FCJG Schulungszentrum e.V.

Drogenrehabilitation
Nachsorge-WGs
Brockenhaus

FCJG Haus Wiedenhof e.V.

FCJG Stadtmission e.V.

Missionshaus
(Betreuung Hilfesuchender)
Dienst an Obdachlosen
Wohngemeinschaften

Freie Christliche Jugendgemeinschaft e.V.
überkonfessionell
FCJG Dachverband e.V.

Gemeinsames Leben
Anbetung
Barmherzigkeit
Evangelisation

ACL - Arbeitskreis Christlicher Lebenshilfe

Gastmitglied im Diakonischen Werk

Koalition / Lausanner Bewegung

Miteinander für Europa

Lausanner Gebetsbewegung

Evangelische Allianz Lüdenscheid

Gastmitglied bei APCM - Arbeitsgemeinschaft pfingstlich-charismatischer Missionen

Kreis Charismatischer Leiter

Kreis zur Einheit

FCJG
www.fcjg.de

30

1976 - 2006 JAHRE

vision4MORE

30 JAHRE **FCJG**

jeden Samstag 20:00 h
der andere Gottesdienst

überkonfessionell Wiedenhof-Saal / Bahnhofstr. 22 / Lüdenscheid
eMail:info@fcjg.de / fon: +49 (0 23 51) 35 80 39

besucht uns im internet
www.fcjg.de

Ehemalige Wiedenhof-Gäste erzählen ihre Geschichte

Bernd Mette & Walter Heidenreich
Wen der Sohn frei macht, der ist richtig FREI!
128 Seiten, Paperback
Best.-Nr. 147587

In Ihrer Buchhandlung oder direkt beim Verlag

FCJG – alle Adressen, alle Kontakte

Überkonfessionelle Dienste
Gebetsberg
Haus des Gebets
Wislader Weg 9
D-58513 Lüdenscheid
Fon: +49-(0)2351-358039
eMail: info@fcjg.de

Drogenreha *Haus Wiedenhof*
Bahnhofstraße 22
D-58507 Lüdenscheid
Fon: +49-(0)2351-6727560
eMail: wiedenhof@fcjg.de

Stadtmission
Bahnhofstraße 34
D-58507 Lüdenscheid
Fon: +49-(0)2351-24498
eMail: stadtmission@fcjg.de

Schulungszentrum
Wislader Weg 8
D-58513 Lüdenscheid
Fon: +49-(0)2351-59612
eMail: mitarbeiterschule@fcjg.de

Kinder- & Teenager-Dienste
Peterstraße 9
D-58511 Lüdenscheid
Fon: +49-(0)2351-39389
eMail: teens@fcjg.de, kids@fcjg.de

Hauptbüro, HELP International e.V.
Wislader Weg 6
D-58513 Lüdenscheid
Fon: +49-(0)2351-20049, +49-(0)2351-20048
Fax: +49-(0)2351-919556
info@helpinternational.de

Foundry-Büro
Wilhelmstraße 46
D-58511 Lüdenscheid
Fon +49-(0)2351-21181
Fax +49-(0)2351-952893
GoFoundry@gmx.de